발명
특허

이제
생활이다

발명특허 이제 생활이다

『발명의 10계명』 창안자
왕연중 지음

science book
과학사랑

발명특허는 이제 생활이고 필수 상식입니다

이 책은 저의 127번째 분신입니다. 참, 많은 책을 썼습니다. 발명에 관한 책 저술로는 세계 최다라고 합니다. 책만 쓴 것이 아니라 250여 개 신문, 잡지, 카페 등에 4,500건이 넘는 글도 연재하였습니다. 2,500여 회가 넘는 초청강의와 150여 회가 넘는 방송도 했습니다.

사람들이 묻습니다. 왜 그렇게 발명교육에 빠져 사느냐고요? 제 대답은 1983년으로 거슬러 올라가 시작됩니다. 생활과학 기사를 쓰는 신문기자를 거쳐 한국발명특허협회(현, 한국발명진흥회)로 직장을 옮겼습니다. 이때 겁 없이 쓴 글과 방송을 통해 주장한 내용이 '누구나 발명가가 될 수 있다.'였습니다.

대부분 믿지 않았습니다. 그래서 '누구나 발명가가 될 수 있다.'를 모두 믿게 하려고 노력하다 보니 저도 놀라울 정도로 많은 글을 쓰고, 강의를 하고, 방송을 했습니다.

제 글과 강의 그리고 방송 내용의 공통점도 '누구나 발명가가 될 수 있다.'였습니다. 제 주장이 조금씩 뿌리를 내리기 시작한 것은 1987년과 1989년 특허청이 우리나라 최초로 발간한 학생발명교재 '발명과 특허'와 '발명생활'을 집필하면서부터입니다.

이 교재가 배포되고, 학생들을 대상으로 한 발명교육이 활성화되기 시작하면서 자연스럽게 '누구나 발명가가 될 수 있다.'가 전국으로 전파되고, 때맞춰 특허청과 관계기관의 발명교육에서도 '누구나 발명가가 될 수 있다.'는 약방의 감초처럼 어김없이 등장했습니다.

이어 특허청이 발간한 우리나라 최초 일반인 및 군인 발명교재를 집필하면서도 '누구나 발명가가 될 수 있다.'고 강조했습니다.

어느덧 40여 년을 생활과학 및 발명과 함께 살아왔습니다. 전국을 순회하며 초청강의를 하면서 몇 해 전부터 '누구나 발명가가 될 수 있다.'가 완전히 뿌리를 내린 것을 보면서 더없이 행복했습니다.

10여 년 전부터는 '이제 발명특허는 생활이고 필수상식이며, 선택이 아닌 필수'라고 주장하였습니다. 발명특허는 개인은 물론 기업과 국가의 경쟁력이기 때문이었습니다. 이 주장은 많은 전문가들도 함께해 생각보다 빠른 속도로 뿌리를 내리고 있습니다.

이 책 역시 '누구나 발명가가 될 수 있다.'를 강조하며, 발명과 특허 전반에 걸쳐 필수상식으로 알아야 할 내용을 정리했습니다.

이 책이 학생은 물론 일반인까지 이제 필수상식이 된 발명특허에 대해 이해하는 계기가 되었으면 하는 마음 간절합니다.

끝으로 저의 졸작을 좋은 책으로 펴내주신 과학사랑 임직원 여러분과 자료를 제공해주신 한국발명진흥회, 추천해주신 한국발명교육학회, 한국학교발명협회, 한국대학발명협회, 한국과학저술인협회, 청소년창의융합협회, 전국창의발명협회 임직원 여러분에게도 감사드립니다.

2017년 봄이 오는 관악산 기슭에서

왕 연 중 올림

차 례

제4장 발명특허는 황금알을 낳나요?

제5장 발견이 하늘과 땅의 신비를 밝혀냈나요?

제 1 장

우리나라의 역사는 곧 발명특허의 역사인가요?

1. 선조들의 발명활동도 활발했나요?
2. 일제 강점기 발명활동도 활발했나요?
3. 해방 후의 발명진흥활동은 어떠했나요?
4. 경제개발과 발명진흥은 어떤 관계인가요?

1

선조들의 발명활동도 활발했나요?

1) 인류문명은 발명과 함께 발전해 왔나요?

인류문명은 발명과 함께 발전해 왔습니다. 새로운 발명이 산업과 사람들의 생활에 영향을 끼쳤고 변화를 이끌어 왔던 것입니다.

인류 최초의 발명은 불의 발명입니다. 정확히 말하면 불을 피우는 방법, 즉 인공 발화법의 발명이라고 할 수 있습니다. 처음 사용된 인공 발화법은 마른 나무에 나뭇가지 등을 마찰시켜 불씨를 얻는 방법이었습니다.

인공 발화법의 발명은 인류의 생활을 불 중심으로 획기적인 변화를 가져왔습니다. 구운 음식을 먹기 시작했고, 불씨를 보존하기 위해 정착생활을 하면서 농경사회로 변해 갔습니다. 경작을 위한 관개시설의 건설을 위해 사람들이 모이면서 도시국가가 나타났고 역사가 시작됐습니다. 따라서 인공 발화법은 인류 최초의 발명이자 인류문명의 시작이라고 할 수 있습니다.

이후 인간은 자신이 만든 도구를 이용해 자연에 대항함으로써 생존력을 높이고, 자연을 이용해 생활을 개선해 나감으로써 '문명'을 창조해내기 시작했습니다. 발명의 사슬을 통해 새로운 도구를 끊임없이 만들어 낸 인간은 이내 모든 분야로 발명을 확산시킴으로써 '발명의 그물'을 창출해 완전히 새로운 생활을 하게 됐습니다.

한발 더 나아가 문자를 발명해낸 인간은 그동안 축적된 지식을 다음 세대에게 고스란히 물려 줄 수 있게 됨으로써 발전에 가속도를 내기 시작했습니다. 전승과 보존을 실현하게 된 인간은 거칠 것 없이 달려 나가 완전히 문명화된 인간으로 탈바꿈했습니다. 하나에 하나를 덧붙이는 발명의 축적이 거대한 문명의 탑을 만들어 낸 것입니다.

초기의 고대국가, 다시 말해 이집트와 메소포타미아의 여러 문명에서는 토지측량을 위해 매우 기초적인 기하학을 연구했습니다. 하지만 이런 연구가 기술적 진보에는 크게 적용되지는 못했습니다. 바퀴와 같은 이 시기의 발명은 대부분 경험과 우연에 의존한 것이었습니다.

기원전 3세기경, 헬레니즘 시대에 이르러 알렉산드리아를 중심으로 다양한 연구와 발명이 이뤄졌습니다. 이전에는 개별적이고 경험 중심적이었던 기술이 학문으로써 인식되기 시작한 것도 이 때부터였습니다. 이 시기에는 기초적인 기계에 대한 발명이 많이 이뤄졌는데 피스톤, 수차, 기어와 기초적인 연동체 등이 그것이었습니다.

그러나 로마가 멸망한 이후 14세기까지는 암흑기라 할 정도로 자연과학과 기술의 학문적 연구가 침체 상태에 빠졌습니다. 이런 과학적 암흑기에도 발명은 꾸준히 이뤄졌습니다. 중세 유럽의 장인들이 오랜 시간 하나의 기술에 종사하면서 불편한 점을 개선하기 위해 새로운 장치를 고안했고, 자신만의 기술을 발명해 다른 상인들과는 차별화된 제품을 만들고자 했습니다.

이러한 장인문화 속에서 15세기에 이르러 최초로 특허 개념이 등장했습니다. 유리세공으로 유명한 이탈리아 베니스에서 장인들 간의 기술유출을 금지했고, 이를 베니스시 정부에서 제도적으로 보장함에 따라 기술적 사상의 독점적 권리 보장을 처음으로 인정한 것입니다. 르네상스 시대인 1474년에 제정된 이탈리아의 베니스 특허법(Venetian Patent Law)이 그것이었습니다.

이 법은 이미 오늘날의 특허가 설정하고자 했던 원칙, 다시 말해 실용성이나 신규성 요건, 존속기간 등을 규정하고 있는 것이 특징이었습니다. 베니스 특허법은 1550년까지 75년간 존속하며 약 100여 건의 출원을 받았습니다. 천문학자인 갈릴레이도 1594년 '양수 · 개관용 장치'를 출원해 특허등록을 받기도 했습니다.

중세의 가장 중요한 발명은 화약과 나침반이라 할 수 있습니다. 화약은 1000년경 중국에서 불로장생약을 찾기 위한 노력에서 우연히 발명되었습니다. 13세기에는 유럽에서도 발명돼 대포와 총의 발명으로까지 이어져 무기체계를 바꾸어 놓았습니다. 자철석을 이용한 나침반도 중국에서 12세기 초에 발명된 뒤 유럽으로 넘어가 대항해 시대를 여는 계기를 마련해 줬습니다.

중세 말기 전제군주들의 과학자들에 대한 지원은 과학과 기술에 큰 발전을 가져오게 했습니다. 미지의 영역이 넓었던 만큼 새로운 자연법칙의 발견은 곧 새로운 발명으로서 응용으로 연결되었습니다. 그래서 과학자들에 의해 자연법칙의 발견과 발명이 동시에 이뤄졌습니다.

과학이 빠르게 진보하면서 18세기 말에 들어서는 산업혁명과 함께 발명의 고도성이 급격하게 국아졌습니다. 이에 따라 새로운 창안에 대한 법적인 보호가 요구되었습니다. 산업혁명이 가장 먼저 일어난 영국에서는 1623년 최초의 성문화된 특허법인 전매조례(Statute of Monopolies)가 제정되었습니다. 영국 국왕은 공업을 진흥시킬 목적으로 일부 개인에게 특권의 표시로 특허장을 부여했습니다. 그런데 국왕에 의한 특허 부여가 점차 남용돼 이와 관련된 민원이 다수 제기되면서 결국 전매조례를 제정한 것입니다. 이 법은 새로운 발명에 대한 특허를 제외하고 독점을 금지한다는 점에서 근대 특허법의 기초가 되었습니다. 뿐만 아니라 사실상 산업재산권의 보호에 관한 최초의 법령으로서 많은 나라가 이를 본받아 나름대로의 특허법을 만들게 되었습니다.

뒤늦게 산업화가 이뤄진 미국과 프랑스는 18세기 말에 특허법을 제정했습니다. 프랑스에서도 영국처럼 국왕의 전제시대에는 특권이 함부로 주어졌기 때문에 많은 문제가 생겼습니다. 이 때문에 특허에 관한 기본이 되는 규정을 둘 필요가 있자 1762년 루이 15세에 의해 특허에 관한 국왕의 선언이 이뤄졌습니다. 프랑스혁명시대로 진입한 후에는 발명자의 강력한 요청에 따라 국민의회가 1791년 특허법을 제정했습니다.

미국은 영국 법을 그대로 따랐으나 1776년 영국으로부터 독립한 뒤인 1790년 미국 최초의 특허법을 제정했습니다. 이 특허법은 영국 법과 유사하지만 국무장관을 포함하는 3인의 고위관료에 의해 심사를 진행하며 특허요건도 엄격하게 규정했습니다.

이후 비약적인 발전을 거듭한 인간은 생산성을 높이기 위해 각종 기계화 에너지를 만들어 냄으로써 산업시대를 열었습니다. 산업혁명은 곧 기계의 발명이었습니다. 기계는 인간을 노동으로부터 해방시키면서 의식주 이외의 분야에 시간을 소비할 수 있는 계기를 제공했습니다. 이로써 인간은 근대문화의 개화를 볼 수 있었습니다.

1765년 영국의 제임스 와트에 의해 증기기관이 발명되면서 인류는 이전에 가질 수 없었던 강력하면서 자동화된 동력을 얻을 수 있었습니다. 동력원의 능력이 크게 향상되자 이에 맞춰 새로운 방직기와 같은 새로운 기계들이 발명됐고, 산업혁명이 일어나게 되었습니다. 1801년에는 영국의 스티븐슨이 증기기관차를 제작했고, 1835년에는 미국의 모스가 유선 전신기를 발명했습니다. 19세기 중반에는 발명왕 에디슨에 의해 기름등은 사라지고 백열전구로 어둠을 밝히게 됐으며, 축음기로 음악을 녹음해 집에서도 즐길 수 있게 되었습니다.

근대문화의 개화와 더불어 인간생활의 온갖 분야는 급진적으로 변모했고, 이 변모는 갈수록 많은 발명을 요구했습니다. 대량생산을 위한 기계뿐만 아니라 공구, 약품, 일상용품에 이르기까지 발명이 속출하면서 인간 생활은 변혁을 맞았습니다.

전기, 자동차, 무선통신기술 등을 발명해낸 인간은 완전히 대량생산과 속도경쟁에 몰입함으로써 현대문명을 가속화시켰습니다. 컴퓨터와 핵에너지 사용법, 휴대폰 등 새로운 정보통신기기를 발명해내면서 인간 스스로도 앞으로 어떤 길을 가게 될지 예측하기 어려운 첨단문명시대에 접어들었습니다.

이와 같이 인류의 역사는 도구와 기술의 발명 역사이며, 발명의 진보를 통해 문명사를 써왔다고 해도 과언이 아닐 것입니다.

발명의 고도화 노력은 비단 인간의 삶을 편리하게 해줄 뿐만 아니라 국가경쟁력의 원천이 되고 있습니다. 새로운 제품이나 기술을 만들어 내는 발명활동은 기업의 생산 활동을 효율적으로 증대시키고, 산업을 발전시키며, 궁극적으로 국가경쟁력을 높이게 됩니다. 국가경쟁력의 제고는 국민의 이익과 복지로 이어지므로 발명활동은 우리 삶과 직결된다고 할 수 있습니다.

2) 우리 민족의 발명 DNA가 만들어 낸 최고의 발명품은 무엇인가요?

우리 민족 역시 우수한 창의력으로 세계 최고의 발명품들을 창안해냈습니다. 세계 어느 나라보다도 앞서 금속활자를 발명했고, 측우기와 거북선을 발명했습니다. 세계 언어학자들로부터 가장 독창적인 문자라고 칭송받는 '한글(훈민정음)'도 우리 민족의 발명 DNA가 만들어낸 최고의 발명품입니다.

2004년 12월 한국발명진흥회에서 전국 15개 초 · 중 · 고교생 2,500명을 대상으로 설문조사를 실시한 결과 응답자의 23.7%가 '한글'을 우리나라 최고의 발명품으로 꼽았습니다.

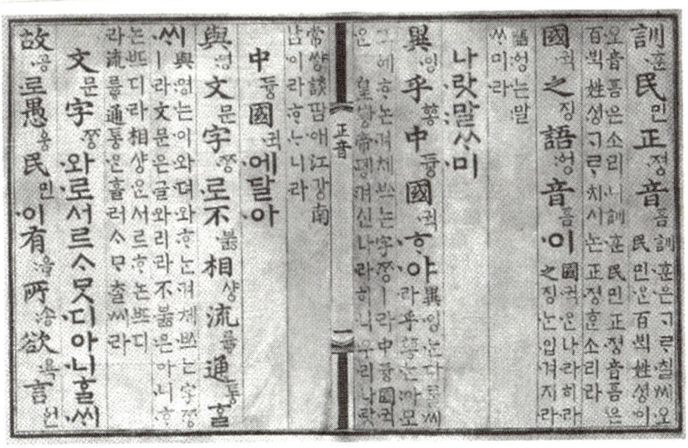

세종 28년(1446)에 나온 초간본인 원본 훈민정음 해례본을 한글로 풀이한 '훈민정음 언해본'

이어 측우기(22.7%), 해시계(15.5%), 거북선(12.1%), 금속활자(9.3%), 거중기(7.0%), 물시계(4.9%) 순이었습니다. 그 외에도 첨성대, 석굴암, 고려청자, 팔만대장경 등이 꼽혔습니다.

우리 민족이 만든 세계적 발명품은 한둘이 아닙니다. 그중에서 역사적으로 가장 오래된 것은 기원전 4세기에 발명된 것으로 알려진 '온돌'이라 할 수 있습니다. 구운 돌로 바닥을 데우는 난방방식인 온돌은 서양보다 앞선 기술입니다. 그뿐만 아니라 서양의 벽난로가 열량의 5분의 1만 방 안으로 전달하는 데 비해 온돌은 열량을 구들에 저축해 오랫동안 열을 뿜어낼 정도로 대단히 경제적인 난방법입니다. 우리 고유의 난방 방식이자 주거문화인 '온돌'을 세계문화유산으로 올리는 방안이 추진되고 있습니다.

7세기 신라 선덕여왕 때에 만들어진 '첨성대'는 동양에서 가장 오래된 천문대로 알려져 있습니다. 첨성대의 용도에 대해서는 이견이 많지만 그 자체가 매우 과학적인 건축물이며, 돌 하나하나에 상징적 의미가 담겨 있다는 점에서 우리의 자랑스러운 발명품이라 할 수 있습니다. 실물이 남아 있지 않지만 고구려에도 천문대가 있었다는 기록이 있습니다.

불교문화의 융성기인 통일신라시대에는 불교 관련 우수한 발명품이 많았습니다. 이 시기에 만들어진 '석굴암'은 동양미술사상 최고의 걸작이라 일컬어지고 있습니다. 석굴암은 신라 불교예술의 전성기에 만들어진 최고 걸작으로 건축, 수리, 기하학, 종교, 예술 등이 종합적으로 결합해 있습니다. 이러한 우수성을 세계적으로 인정받아 1995년 12월 불국사와 함께 유네스코 세계문화유산으로 공동 등재되었습니다. 세상에서 가장 아름답고 자비로운 소리를 자랑하는 성덕대왕 신종도 우리 민족의 우수성을 잘 보여주는 걸작입니다.

인쇄문화는 우리 민족의 자랑거리 중의 자랑거리입니다. 세계에서 가장 오래된 인쇄물은 통일신라시대에 만들어진 '무구정광대다라니경'입니다. 이는 일본의 '백만탑다라니'보다 20년 이상 앞선 것입니다.

고려시대인 1377년 간행된 '직지심체요절'은 현존하는 세계 최고의 금속활자 인쇄본으로 인정받으면서 2001년 유네스코 세계기록유산에 등재되었습니다. 실물이 전해지지 않고 있지만 직지심체요절보다 140년 앞서 '고금상정예문'을 금속활자로 인쇄했다는 기록이 있습니다. 이는 독일의 구텐베르크가 만든 것보다 200년 앞선 것입니다. 우리민족은 인간이 만든 최고의 인쇄물과 세계 최고의 금속활자 인쇄본을 보유한 인쇄문화의 강국이었습니다.

우리나라가 세계적 IT 강국으로 두각을 나타낼 수 있었던 것은 조상들의 뛰어난 문화, 즉 과거의 IT산업이라 할 수 있는 활자, 문자, 인쇄술 등에서 과거에 세계에서 수위를 다퉜기 때문입니다.

국보 제32호로 몽골이 고려를 침입하자 부처의 힘으로 몽골군을 물리치기 위해 만든 대장경

합천 해인사 내
팔만대장경 장경판전 내부

따라서 지금 우리가 IT강국이 된 것은 너무나도 당연한 일일지도 모릅니다.

고려시대에도 세계에 자랑할 만한 발명품이 줄을 이었습니다. 가장 먼저 꼽을 수 있는 것이 고려청자입니다. 중국 북송의 유명한 문장가이자 시인이었던 소동파는 천하명품 10가지를 선정했는데 두 가지가 고려 것이었습니다. 청자와 종이가 그것이었습니다.

청자는 인류가 지금까지 만들어낸 가장 훌륭한 그릇 가운데 하나입니다. 고려는 송나라에 이어 세계에서 두 번째로 청자를 만들었지만 송의 청자보다 걸작 품으로 꼽히고 있습니다. 상감기법과 신비로울 정도로 뛰어난 비색 때문입니다. 고려청자는 세계에서 가장 아름답고 실용적인 그릇이라고 할 수 있습니다. 중국인들은 조선백자에 대해서는 별 관심이 없었지만 고려청자는 너도나도 갖고 싶어 했습니다. 그런 높은 수준의 기술과 미학을 가진 나라가 고려였습니다.

부처의 힘으로 외적을 물리치기 위해 만들었다는 '팔만대장경판'은 우리 민족의 인쇄문화가 얼마나 우수했는지를 보여주는 또 하나의 발명품입니다. '팔만대장경'은 고려가 가장 어려웠던 국난의 시기에 초조판부터 240년이라는 장구한 세월을 통해 이룩한 거국적 대사업으로, 대장경의 인쇄를 둘러싸고 경쟁했던 송과 거란에 대해 문화국으로서의 위신을 드높였을 뿐 아니라 인쇄술과 출판술의 발전에도 크게 공헌했습니다. 특히 해인사에 남아있는 팔만대장경은 모든 판목의 글자체가 동일하고 아름다워 당시 우리나라의 뛰어난 목판 인쇄술을 보여주고 있습니다.

조선의 4대 임금인 세종 때에는 천문학, 음악학, 도량학, 기상학, 지리학, 의학, 농학, 화약과 화포 제조기술, 인쇄술 등 여러 분야에서 눈부신 발전이 있었습니다. 그야말로 세종의 시대는 발명의 르네상스라 할 수 있습니다. 세계 언어학자들이 꼽는 세계 최고의 문자인 '한글(훈민정음)'을 비롯해, 세계 최초의 강우량 측정기구인 측우기, 해시계인 앙부일구, 물시계인 자격루 등이 이 시기에 만들어졌습니다.

세상에는 약 7,000개의 언어가 있고, 그 중 문자를 가지고 있는 언어는 불과 30개 정도에 지나지 않으며, 만든 사람과 반포일, 글자를 만든 원리까지 알려진 문자는 우리나라 '한글'이 유일하다고 합니다. 한글의 우수성은 유네스코가 1989년에 세종대왕상을 제정하고, 1997년에 세계문화유산으로 지정했다는 것에서 잘 알 수 있습니다.

세종 16년(1434년)에는 해시계인 '앙부일구'와 물시계인 '자격루'를 만들어 설치했습니다. 종묘 앞에 설치한 '앙부일구'는 시각을 재는 시계인 동시에 절기를 알려주는 달력 구실을 했습니다. 세종은 앙부일구를 혜정교와 종묘 앞에 설치해 백성이 널리 사용토록 해 공중시계 역할을 했으며, 시각 눈금 위에 시간을 나타내는 12지신을 그려 글자를 모르는 백성도 시간을 알 수 있도록 배려했습니다.

한국사는 물론 세계 과학사에 한 페이지를 장식한 '자격루'는 세종과 장영실의 만남의 결실이라 할 수 있습니다. 세종은 종래 써오던 시계가 정밀하지 못해 제때에 시간을 알리지 못하자 장영실에게 때가 되면 저절로 알려주는 '자동시보시계'를 만들도록 했으며, 그렇게 태어난 것이 자격루였습니다. 현재 중국 광동에 남아있는 명나라의 물시계보다 조금 늦게 만든 것이지만, 그 규모가 크고 만듦새가 훌륭해 매우 귀중한 유물로 평가되고 있습니다.

세종 30년(1448년)에는 로켓추진 화살인 신기전이 만들어졌습니다. 신기전은 고려 말 최무선에 의해 발명된 로켓병기인 주화(走火)를 바탕으로 만들어진 것으로 알려져 있습니다. 또 신기전을 발사하기 위해 화차인 신기전기(神機箭機)도 만들었는데 설계도가 남아 있는 세계 최초의 다연장 로켓발사 장치입니다. 이러한 신기전과 화차는 임진왜란 때 거북선과 함께 비장의 무기로 활용되었습니다.

이순신 장군이 발명해 임진왜란 때 왜군을 무찌르는 데 크게 기여했던 거북선은 세계 최초의 철갑선입니다. 기동성과 견고함을 동시에 살려 임진왜란 승리에 결정적 공헌을 했던 거북선은 미국의 권위 있는 역사전문 TV 채널인 히스토리 채널이 2008년에 소개해 주목을 끌었습니다.

조선 후기의 대학자 정약용은 도르래의 원리를 이용해 거중기를 발명했습니다. 작은 힘으로도 무거운 물건을 들어 올릴 수 있게 하도록 만든 기계장치로 수원 화성을 만드는 데 사용해 공사기간을 단축하고 공사비를 줄이는 데 크게 공헌했습니다.

이러한 선조들의 발명 DNA는 우리 모두에게 이어져 왔습니다. 지금 우리나라는 연간 산업재산권 출원 47만5천 건으로 세계 4위의 특허강국으로 부상했습니다. 이는 우리나라가 세계 10위권의 경제강국으로 성장하는 데 많은 기여를 했습니다. 우리나라가 이처럼 발명 강국으로 성장하는 데에는 1973년에 태어나 발명진흥에 앞장서 온 한국발명진흥회도 한 몫을 했습니다. (출처: 한국발명진흥회 40년사)

2

일제 강점기 발명활동도 활발했나요?

1) 발명진흥제도는 언제 도입했나요?

우리나라 발명진흥제도의 시원은 1882년 지석영이라는 28세의 젊은 유생의 상소에서 비롯되었습니다. 우리나라에 처음으로 종두를 시행해 수많은 생명을 천연두로부터 구한 것으로도 유명한 지석영은 수신사 일행으로 직접 일본에 가 선진문물을 체감했습니다. 이때 산업 발전이 국가부강의 원천임을 깨닫고 왕에게 직접 상소를 올렸습니다.

지석영은 이 상소문에서 나라가 발전하고 부강하기 위해서는 정부에서 하나의 원(院)을 설치해 새로운 서적을 구입하고 각국에서 사용하고 있는 새로운 기기들을 도입해야 한다고 주장했습니다. 유능한 젊은이들을 선발해 과학기술 교육을 받게 하고, 이들 가운데 재능이 있어 기계를 만들거나 발명하는 자에게는 전매 특허권을 주도록 하며, 서적을 저작 간행한 자에게는 출판권을 주도록 해 과학기술을 진흥시켜야 한다는 실행방안까지 제시했습니다. 이는 우리나라 최초의 근대적 공업소유권제도의 주창이었습니다. 특히 이 상소는 특허제도에 국한된 것만이 아니라 선진 과학기술을 적극적으로 받아들이고 이를 정책적으로 육성해 나가야 한다는 포괄적인 것이었습니다.

고종은 이 상소에 대해 칭찬을 아끼지 않으며 이를 의정부에 내려 즉시 반포·시행하도록 명했습니다. 그러나 지석영의 상소로 건의된 특허제도는 실제로 실행되지 못했습니다. 당시 조선의 정치적 상황은 매우 불안정했고, 국가가 주체적으로 정책을 펼칠 만한 힘이 부족했기 때문이었습니다.

지석영의 상소가 실행되지 못했다 할지라도 그의 씨앗뿌림은 우리나라 특허제도가 발아되는 중요한 계기를 마련했다는 점에서 큰 의의를 가졌습니다.

이후 1894년 갑오개혁으로 새로운 관제가 발표되면서 8개 아문(衙門) 중 하나인 농상아문(農商衙門) 아래 장려국(獎勵局)이 설치되었습니다. 이 장려국의 분장업무에 '식산(殖産)의 장려 흥업 및 전매특허의 사무를 관장한다.'라고 되어있는데, 이는 특허제도를 지칭하는 것이었습니다. 그러나 당시 기술과 산업 발전이 미흡해 그 실행은 이뤄지지 못했습니다.

우리나라에 특허제도가 처음으로 실시된 것은 1908년 8월 12일 일본에 의해 '한국 특허령' 등이 칙령 196호로 공포·시행되면서부터였습니다. 이에 따라 1908년 통감부에 특허국이 설치됐는데, 당시 조선위수사령부(현재 중부세무서 자리)에 설치된 특허국은 이름뿐이고 실제 특허사무는 일본 오사카에 있던 부청에서 취급했습니다.

특허국은 구한국 정부기관으로 알려져 있으나 사실 통감부의 직속 기관이었습니다. 일제가 특허기구를 서둘렀던 것은 일본의 공산품을 보호하고 외국의 특허에 대한 일본의 권리를 장악하려던 속셈에서였습니다.

한편 1908년 처음으로 특허제도가 실시된 이후 우리나라 사람이 취득한 발명특허 1호는 정인호의 말총모자(등록번호 제133호)였습니다.

이즈음 신학문의 유입과 더불어 발명을 하겠다는 사람이 늘어났지만 십중팔구는 공상적인 것이어서 여러 가지 에피소드가 많았습니다. 무한동력을 연구하다가 패가망신을 했는가 하면, 연구비가 없어서 아내의 치마를 팔아서까지 실험을 하다가 불이 나 타죽은 일도 있었습니다.

특허제도는 1910년 한일병합 후 칙령 335호로 폐지됐지만 한일병합조약에도 국호 변경 다음으로 특허국의 폐지를 삽입하고 있어 일제가 얼마나 공업소유권을 중시했던가를 짐작할 수 있습니다.

2) 발명단체의 발족과 활동은 어떠했나요?

(1) 발명학회는 어떤 단체였나요?

경성공전 요업과 1회 졸업생인 김용관은 우리나라 발명운동의 선구자였습니다. 졸업하자마자 일본인이 경영하던 도자기회사에 다니다가 뜻이 맞지 않아 그만두고 일본에 잠시 유학했던 초기 요업 전문가였던 그가 발명운동에 발을 디딘 것은 1923년이었습니다. 우리나라 사람에 의해 가장 먼저 설립된 발명특허단체인 발명학회 설립에 나선 것입니다.

조선인에게 제조공업에 대한 사상을 고취하기 위한 목적으로 경성부 인사동에 사무실을 두고 1923년 6월 1일 발명학회 설립허가를 당국에 신청했으나 자산부족으로 각하되고 말았습니다.

그 뒤 1년여 동안 진전이 없다가 이듬해인 1924년 8월 3일 경성부 장사동 동양염직주식회사에서 설립준비위를 개최했습니다. 이어 그해 10월 1일 경성부 장사동에 있던 동양염직공장 사무실에서 창립총회를 갖고 우리나라 최초의 민간 발명 장려단체인 발명학회를 설립했습니다.

공업계의 젊은 엘리트들이 주머닛돈을 털어 발명학회를 창립한 것은 3·1운동 이후 발명으로 자활해보자는 민족운동의 하나였습니다. 발명학회는 조선인으로서 과학기술 내지는 산업기술을 진흥시키겠다는 사명감이 강했습니다.

발명학회는 최초 규약을 통해 '회원의 공업적 지식의 보급과 발명적 정신의 향상을 도모함을 목적'으로 했습니다. 학회의 사업은 과학적 발명과 공업의 장려를 목적으로 잡지 및 도서 발행, 공예 강의록의 발행, 공업에 관한 질의에 응답, 강연회와 강습회 개최, 품평회 개최 등을 전개하기로 했습니다.

이처럼 '조선인의 발명을 고취시키고 진작시키자'라는 원대한 포부 아래 발명학회가 출범했지만 재정난으로 활동은 지지부진했습니다.

발명학회는 1933년 6월 기관지 「과학조선」을 창간해 1940년까지 발간했으며, 1934년에는 과학지식보급회를 설립했습니다. 「과학조선」은 발명과 과학에 관한 내용을 게재함으로써 우리 민족의 과학정신을 일깨우는 데 이바지했습니다. 이와 더불어 전 사회적으로 과학지식 열기를 고취하고자 보다 광범위하고 대대적인 과학 보급과 발명 장려를 위해 1934년 2월 '과학데이 실행회'를 조직한 데 이어 4월 19일을 '과학데이(과학주간)'로 정했습니다.

이 밖에도 발명학회는 과학 및 공업에 관한 도서의 출판, 판매, 공업공장의 설계, 공업·원료의 감정, 공업품 제조 및 판매, 광업권의 출원 및 이전 등 광범위한 활동을 펼쳤습니다. 그러나 1941년 12월 일제의 진주만 공습으로 태평양전쟁이 시작되자 같은 달 강제 해산되고 말았습니다.

(2) 조선발명협회는 어떤 단체였나요?

1910년 8월 일본에 나라를 빼앗긴 조선은 모든 분야에서 일제에 예속될 수밖에 없었습니다. 따라서 새로운 과학기술을 촉진해야 할 발명 장려활동도 자주적으로 펼치기 어려웠습니다. 일본 기업들이 대거 조선에 진출해 경제권을 장악한 상태에서 민족기업들은 명맥을 이어가기에도 어려운 상황이었습니다.

이런 가운데 조선총독부의 지원을 받은 일본인 주도로 1924년 7월 9일 총독부에 조선발명협회 인가를 신청하면서 조선발명협회가 설립되었습니다. 총독부는 조선발명협회에 대한 보조금을 창립 이듬해인 1925년부터 일부 지원했습니다. 따라서 조선발명협회의 창립은 조선인에 의해 자체적인 의지보다는 일제가 조선의 발명특허를 장악하고 일본인의 발명활동을 지원하기 위한 목적으로 설립되었다고 할 수 있습니다.

조선발명협회는 1926년 10월 신발명품전람회를 개최했습니다. 조선 내 각 소·중등학교 학생의 고안으로 제작된 작품과 현상모집을 통해 조선과 일본에서 등록된 신안품을 수집해 전시했습니다.

조선발명협회는 또 특허, 실용신안의 공보연람 등을 시행했습니다. 이와 함께 기계 · 화학 · 전기 등의 각 전문기사에 의한 발명고안의 시험과 연구를 수행했습니다. 일본발명협회에도 가입해 조선발명협회에서 해결하지 못하는 문제는 도쿄에 송부해 그곳에서 연구하도록 했습니다.

협회는 회원으로 유지하고 월 50전 정도의 회비를 받았습니다. 발명 전문가와 변호사를 자문위원으로 두기도 했습니다.

조선발명협회는 일본발명협회, 제국발명협회 등과 지속적으로 교류하며 조선발명품장려전람회 등을 개최하는 등 1941년 태평양 전쟁 발발 전까지 활동했습니다.

(3) 고려발명협회는 어떤 단체였나요?

일본인 주도의 조선발명협회에 반해 조선의 발명가를 육성하고자 1928년 12월21일 고려발명협회가 창립되었습니다. 오화영 등은 조선의 과학보급과 발명 장려를 위해 조선인 주도의 발명 민간단체를 결성하고자 했습니다.

오화영, 명제세, 유광렬, 이준열, 박길룡, 주이회, 백홍균, 정수일, 김용관 등 20명의 발기인은 12월 7일 경성부 경운동 조선물산장려회관에서 고려발명협회 발기인회를 열었습니다. 오화영의 사회 아래 회의를 진행해 준비된 규약을 제정하고 창립준비위원을 선임했습니다.

12월 21일에는 조선일보사 2층에서 고려발명협회 창립총회를 열었습니다. 총회에서는 개회사, 취지 설명, 경과보고, 축사와 축전

축문 낭독을 하고 규약을 통과시켰습니다. 이어 장두현, 명제세, 김종협, 양정식, 박천병, 정세권, 이인영, 유광렬, 문완석, 이준열, 박길룡, 유두찬, 주이회, 백홍균, 이용규, 이종태, 정수일, 김용관, 강찬격 등 이사 19인을 선임했습니다. 사무실은 경성부 익선동 조선물산장려회 내에 마련했습니다.

조선인 발명가들과 지도급 인사들로 조직된 고려발명협회는 1929년 1월 25일 서울에서 열린 발명사상보급 대강연회를 시작으로 수시로 대중강연회를 개최, 일반의 과학적인 생활방식과 발명의 중요성을 고취했습니다.

특히 고려발명협회의 주요 간부들은 과학지식보급회에서도 활동하며 일제 강점 하에서 우리민족의 과학대중화를 위해 많은 노력을 했으나 1932년 12월 창립 4주년 기념식 이후 활동상황이나 기록은 찾아볼 수 없습니다.

한편 1925년 4월에는 일본유학생들이 중심이 되어 도쿄에서 과학문명보급회가 탄생해 활동을 했으며, 1927년 5월에는 조선발명협회 탈퇴회원들이 발명장려회를 조직하기도 했습니다.

3) 최초의 과학 잡지 「과학조선」은 어떤 잡지인가요?

1910년부터 1934년까지 24년간 한국인이 획득한 공업소유권은 모두 17건밖에 되지 않았고, 공상적인 발명품이 많이 속출했습니다. 공상발명의 대표적인 것은 영구기관(무한동력) 문제였습니다. 당시 기록에 의하면 1925년에 출원된 영구기관은 52건, 1926년에는 51건, 1927년에는 34건, 1928년에는 39건, 1930년에는 50건이 출원되었습니다.

이러한 때, 1924년 발족 이후 9년간 활성화되지 못했던 발명학회가 1933년 6월부터 다시 활동을 시작했습니다. 송진우, 김성수, 이인, 여운형, 방응모, 박흥식, 김지태 등 뜻있는 이들의 후원을 얻어 2대 이사장에 이인을 추대하고 상무에 김희명을 선임, 공평동 119번지 중국호떡집 2층에 작은 사무실을 얻어 재출발했습니다.

당시 200여 명의 회원을 뒀던 발명학회는 경리, 출판, 법리, 영업, 광무 등 5부서를 두고 본격적으로 활동했습니다. 법리부는 특허 수속을 대행했고, 학회경비를 충당하기 위해 영업부를 따로 둬 해수욕복, 등산기구 등을 만들어 판매했습니다.

특히 발명학회 출판부에서는 1933년 6월 10일 우리나라 최초의 과학잡지 「과학조선」을 창간했습니다. 편집 겸 발행인은 이승학이며, 원고 대부분은 김용관이 집필했습니다. 32면의 소규모 잡지였지만 발간되자마자 매진돼 재판을 발행해야 할 정도로 인기를 끌었습니다.

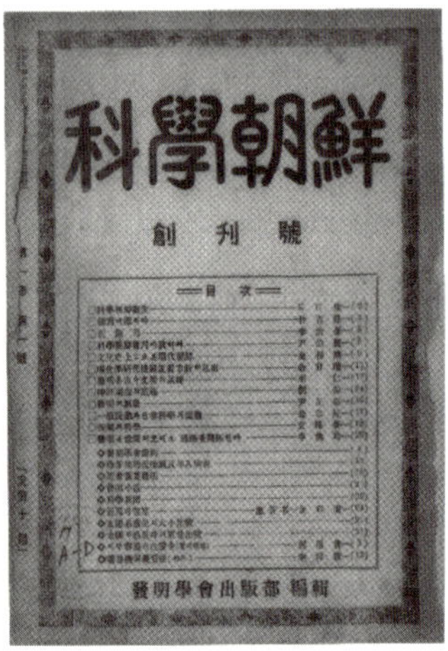

조선발명학회 출판부에서 발간한 우리나라 최초의 과학 잡지 「과학조선」

제2회 과학데이에 등장한 김억 작사, 홍난파 작곡의 '과학의 노래'

창간호에서 김용관은 「과학조선의 탄생」이라는 제목의 글에서 '전쟁을 찬양할 바는 아니나 과학의 영지에 있어서 임진란의 큰 수난은 조선 사람의 독창성과 발명력을 증명했다. 패전의 군사를 싸워내려 한 이순신은 거북선을 창조해 상대진중을 자유로 다니었다.

진수성·정평구의 비차는 비행기의 시초요, 변이갑의 화차는 탱크의 원조였다.(중략)'라고 한국인의 과학적 재능을 격찬했습니다.

또 '조선의 과학계는 적막하고 그의 생활화를 도모하는 발명계는 더욱 요요하다.(중략) 그러나 우리는 요사이 와서 종종 좋은 소식을 듣는다. 평양 송찬용 씨의 빙상스키, 경성 김한경 씨의 혼로, 재령 황이선 씨의 공기총, 인천 최장남 씨의 자동차 제니기(중략) 등 발명은 기쁜 일이다. 과학조선이 바야흐로 발흥할 때가 아닌가.' 하고 과학과 발명에 힘쓰자고 강조했습니다.

또 창간호에는 발명학회의 초대 이사장이었던 박길용, 의학박사 윤치형의 창간을 축하하는 글과 '발명문명의 기초', '특허제도의 단상' 등을 게재했습니다.

이밖에 「과학조선」은 과학신문란을 만들어 해외 과학을 소개하고 문답란을 통해 과학상식에 대한 의문점을 풀어 주는 등 손색없는 과학잡지 형태를 갖추고 있었습니다. 하지만 재정난으로 정간을 거듭하다가 1935년 2월호부터 과학지식보급회의 기관지가 되었습니다.

발명학회는 「과학조선」 창간에 이어 1933년 9월 제1회 발명좌담회를 개최했습니다. 현상윤, 이종린, 김창제, 김종관, 이인 등 17명이 참석한 가운데 일반인에 대한 자연과학 상식 보급, 조선산업 발전의 추세와 발명장려 등을 논의했습니다.

그해 10월 26일에는 중앙기독청년회관에서 과학강연회를 개최했습니다. 과학과 인생(윤주복), 조선과 화학공업(안동혁), 신라문화의 감화(이효순), 조선인과 발명(문일평) 등 다양한 내용으로 열린 강연회는 대성황을 이뤘습니다.

한편 1933년 1월 송찬용, 윤주일, 최능진 등은 3.1재단법인을 조직하고 평양에 발명장려관을 건설하기로 했습니다. 발명연구실, 실험실, 과학도서관, 강당 등을 설치한 발명장려관을 마련해 조선의 발명가들이 아무 제약 없이 연구실험을 할 수 있게 한다는 계획이었습니다.

그해 2월 4일에는 어린 발명가들과 이들의 지도자들이 모여 '창조적 정신 향상에 힘쓰자', '발명보급에 힘쓰자' 등의 강령을 세우고 발명동우회를 창립했습니다. 조선발명학회 변호사 이인, 조선소년군 조철호, 배재고보 신봉조, 동아일보사 사장 송진우 등이 고문으로, 이병기가 대표로 취임했습니다.

4) 과학데이는 어떻게 제정되었나요?

1932년 4월 19일, 진화론을 주장한 찰스 다윈 사망 50주기 행사가 세계 각국에서 성대하게 열리자 조선의 과학인들이 여기서 힌트를 얻어 '과학데이'를 만들자고 주장했습니다. 이 주장은 당시 지식인들의 큰 호응을 얻었습니다.

윤치호, 김용관, 현상윤, 이인 등 조선의 과학인 37명의 실행위원은 '과학의 황무지인 조선을 과학화하자'는 모토를 내걸고 1934년 2월 28일 경성부 종로 기독교청년회관에 모여 과학데이실행회를 결성했습니다. 실행회 의장에는 김창제(목사, 독립운동가), 서기는 강진

두, 총무는 김용관이 선임돼 행사계획을 논의했습니다.

이들은 찰스 다윈이 숨진 날인 4월 19일을 '과학데이'로 정하고 기념회, 강연회, 견학단 활동, 사진회와 과학지식보급좌담회 등 각종 행사를 열기로 결정했습니다.

街頭에展開된

科學朝鮮의風景

今日科學데이大行列

1935년 조선일보 제2면에 게재된 과학데이 관련풍경과 기사

과학데이 행사가 실행회에서 결정되자 그해 3월 5일 자 동아일보는 '과학데이와 그 사업'이라는 제목의 사설을, 같은 날짜의 조선일보는 '과학과 조선'이라는 사설을 실었으며, 조선중앙일보는 '문화를 통해 큰 도움'이라는 제목으로 '과학데이는 국민의 과학을 보급하는 데 큰 뜻이 있다.'고 강조했습니다.

과학데이 행사는 과학에 종사하는 사람뿐 아니라 언론인, 종교인, 문인 할 것 없이 혼연일체가 된 거족적인 민족운동이었습니다.

실행회는 총무부, 재무부, 교섭부, 연락부 등 9개의 부서로 구성됐는데, 실행회 회원 가운데는 윤치호, 이인, 송진우, 여운형, 김성수, 김병로 등 당시 사회 유지들도 있었습니다. 행사에 드는 경비는 각자가 5원씩 부담하기로 했으나 인촌 김성수의 도움이 컸습니다.

'한 개의 시험관은 전 세계를 뒤집는다.'는 포스터가 동아일보의 기증으로 경성시내에 나붙었고, 김용관은 '과학지식보급에 대하여'라는 제목으로 그해 4월 16일부터 3일간 연일 방송을 했습니다.

19일에는 김창제가 '과학이 가치'라는 제목으로 방송하면서 과학데이 행사는 장안의 큰 관심을 끌었습니다.

제1회 과학데이 기념식이 1934년 4월 19일 밤 중앙기독교청년회관에서 개최되면서 우리나라 과학지식보급운동의 발판을 마련하는 계기를 만들었습니다. 이어 열린 강연회에는 이정섭(언론인)의 '과학의 개념', 변리사 이채호(초대 특허국장)의 '산업과 발명', 안동혁(당시 중앙시험소 기사)의 '화학공업의 현재와 장래' 등 강연이 3시간에 걸쳐 계속되었습니다. 20일에는 남자 62명, 여자 53명으로 짜인 견학단이 중앙시험소와 공장 등을 견학했습니다. 21일 밤 수송학교에서 열기로 돼 있던 과학에 관한 활동사진 관람은 집회를 금했던 일경의 압력으로 열지 못했습니다.

제1회 과학데이는 일반에게 과학을 인식시키는 데 큰 역할을 했을 뿐만 아니라 사회저명인사들이 참가한 과학지식보급회가 결성되는 계기를 마련했습니다. 과학지식보급회가 1934년 7월 창립총회를 열고 과학지식 보급운동을 벌이기로 하면서 1935년 4월 19일의 제2회 과학데이는 더욱 성대하게 개최되었습니다. 부민관(옛 태평로 국회의사당)에서 기념회가 열리기 직전 '과학데이' 깃발을 앞세운 54대의 자동차가 경성 시내를 행진하는 장관을 연출했습니다.

경성뿐 아니라 과학지식보급회의 지부가 있었던 평양, 원산, 신천에서도 과학데이 행사가 열렸는데, 제2회 과학데이부터는 김억 작사, 홍난파 작곡의 '과학의 노래'가 등장하기도 했습니다.

「과학조선」 6월호의 기록을 보면 이 행사에 든 경비는 당시로써는 거액인 약 890원이었으며, 윤치호, 이인, 박길룡의 회사 외에 동아일보, 조선일보의 의연금과 상회, 약방, 광업사 등의 회사금으로 800여 원이 걷혔습니다.

1936년에도 제3회 과학데이를 맞아 전국에서 행사가 열렸습니다. 그러나 일제가 과학데이를 핑계로 민족운동을 전개한다는 이유로 1937년 과학데이 행사의 옥외 개최를 금지하고, 1938년에는 김용관 등을 투옥했습니다.

한편 1939년에는 제6회 과학데이를 맞아 용산 철도국공장과 영등포에 있는 기린맥주와 경성방직 등을 견학했습니다. 하지만 1940년에는 또다시 일제의 탄압으로 과학데이를 개최하지 못했습니다.

5) 과학지식보급회는 어떻게 결성되었나요?

1934년 과학데이 기념행사 일환으로 4월 22일 개최된 과학지식보급 좌담회에서 과학지식 보급기관 설립의 필요성이 제기되었습니다. 이에 따라 조선발명학회 이사와 경성에 소재해 있던 중 · 고등학교 교사를 중심으로 발기인들이 모여 1934년 9월 5일 경성부 공평동 태서관에서 과학지식보급회 창립총회를 개최했습니다.

의장은 윤치호가 맡았으며 조만식, 여운형, 송진우, 이상협 등을 고문으로 추대했습니다. 주요한, 조동식, 이극로 등 지식인들도 대거 임원으로 참여했습니다. 김용관은 전무이사를 맡았습니다.

과학지식보급회는 경성뿐만 아니라 1934년 9월 22일 평양에서의 지회 창립총회와 1935년 2월 27일 황해도 신천에서의 지회창립총회를 비롯해 개성, 원산, 신의주로 확대되었습니다.

과학지식보급회는 창립 이후 1935년 제2회 과학데이 행사부터 적극적으로 참여하며 과학지식 보급에 힘썼습니다. 1935년 2월 22

일에는 백합원에서 과학발명회의를 개최했습니다. 또 조선발명학회가 발행하던 「과학조선」을 인계받아 기관지 성격으로 1940년 6월호까지 발간했습니다.

과학지식보급회는 강연회, 좌담회 등을 통해 이화학 교육을 일상생활에 일반화하는 데 기여했으며 주부, 아동에게까지 과학적인 이해와 실습을 하도록 했습니다. 학생에게는 자연과학연구회를 조직하게 하는 등의 활동을 전개했습니다.

뿐만 아니라 발명 관련 단체의 활동이 활발해지면서 우리나라는 발명활동의 부흥기를 맞았습니다. 1934년 6월 2일 평양의 자연과학동우회와 발명학회가 공동으로 자연과학대강연회를 종로 중앙기독청년회관에서 개최했으며, 발명학회는 1935년 3월 평양지회 사무소를 설치했습니다.

또 그해 6월 조선발명협회가 전조선발명가 표창식을 거행하기로 하자 최석환(쇄광기), 강동수(등사기용 잉크공급장치), 이덕균(진흑판), 김영배(보온기를 겸한 열기난로), 김규병(화물운반구) 등 각지의 발명가들이 발명품을 잇달아 제출했습니다. 이듬해인 1938년 5월 발명특허출원 강습회를 개최하기도 했습니다.

1935년 3월 발명장려부를 설치한 조선공업협회는 1937년 10월 19일부터 25일까지 상공장려관에서 발명전람회를 개최했습니다. 출품물은 대부분 일본에서 출품했으나 조선의 발명품도 일부 출품했습니다. 이어 대구상공회의소가 1937년 11월 6일부터 5일간 전 조선발명전람회를 개최했습니다.

이처럼 발명진흥을 위한 기반이 마련되면서 발명활동도 활성화되었습니다. 1936년 1월부터 1937년 6월까지 특허와 실용신안으로 등록된 것만도 특허 41건, 실용신안 222건에 달했습니다. 출원인의 절반 이상이 조선인이라는 것은 괄목한 만한 일이었습니다.

6) 일제강점기 발명가들의 활동은 어떠했나요?

발명학회, 과학지식보급회 등의 활약이 한창 두드러질 무렵인 1935년을 전후해 우리나라는 발명활동에 있어 많은 성과를 거뒀습니다.

1932년에는 안복평의 고량전분정제법 등 특허 5건과 실용신안 16건, 1933년에는 오영수의 간유가공법 등 특허 2건과 실용신안 14건이 등록되었습니다. 1934년에도 특허 2건과 실용신안 14건이 등록됐으며, 1935년에는 예년보다 훨씬 많은 특허 11건과 실용신안 67건이 등록되었습니다.

이 시기에는 발명으로 가산을 탕진한 이들도 많았지만 발명품으로 성공한 사람들도 적지 않았습니다. 그 중 대표적인 인물은 관립동경고 공예 출신인 손창식은 17세 때 측량기 등 2~3건을 발명하는 등 어려서부터 여러 가지 발명을 통해 신문에서 '천재소년 발명왕'으로 불리기까지 했습니다. 뿐만 아니라 대표적인 발명인 '만년필 IR'을 비롯해 문지기, 풍력 투완구, 야간사격장치 등 발명특허와 실용신안이 46가지에 이르렀습니다.

'만년필 IR'은 이리듐을 펜 끝에 달아 촉을 닳지 않게 했던 것인데, 이 특허는 일본을 비롯해 구미에까지 수출되며 인기를 끌었습니다. 손창식은 천재적인 발명으로 1927년에 동아일보 표창, 1931년에는 동경 부지사 표창, 제국발명협회 표창을 받았고, 후에는 중국으로 건너가 상하이 광화정밀 공장장으로 임명돼 정밀가공업으로 성공을 거뒀습니다. 또 이화여전과 중앙가정여숙(현 중앙여고), 광주의전(현 전남의대)에 거금을 희사할 정도로 발명을 통해 큰 재산을 모았습니다.

손창식과 같은 시대에 이성원은 고무 접착제인 '만역호'를 발명해 기업화하는 데 성공했으며, 선호익은 송풍구(풀무)를 발명해 김천에서 성공을 거뒀습니다. 또 문용채는 인조피혁과 여과기 등을 발명해 기업을 경영했고, 이덕균은 등사판 잉크 공급장치를 발명해 세인의 관심을 끌었습니다.

심승택은 1929년 18세 소년으로 수중동력기를 발명해 당시 신문의 사설로까지 취급되는 등 관심을 모았으며, 그가 발명한 전기신호장치는 특허등록이 되자마자 기업가에게 당시로써는 거금인 50원에 팔리기도 했습니다. 또 여성 발명가 이소담은 조선재단기를 발명해 주목을 끌었습니다.

이밖에 전규의 보온기, 김영배의 흑판닦이, 송필수의 포키트용 사진구, 서병훈의 행시계전 장치(라디오의 청취시간을 맞춰놓는 장치) 등이 당시 주목을 끌었던 발명품이었습니다.

한편 최재념은 1935년에 고압기체발생기와 회전원동기를 발명했는데, 일본의 비행기 제작소와 중공업 업체에서 특허권 사용 교섭이 올 정도로 수준 높은 것이었습니다.

특히 연전을 졸업하고 미국 텍사스주립대에서 수학하던 송기주는 42개의 키를 가진 한글타이프라이터를 개발했는데, 1933년에 언더우드 사에서 대량생산해 적지 않은 화제를 일으켰습니다.

한글타자기는 이보다 20년 전에 이원익이 85개의 키를 가진 것을 발명했는데, 송기주는 이것을 42개와 2개의 이동키를 갖춘 편리한 타자기로 개발했습니다. 이밖에 이광숙의 정미기와 한수경의 고려자기 제조에 관한 특허는 당시 과학자들의 절찬을 받기도 했습니다.

1936년 신동아 1월호에 의하면 미국으로 건너간 권영호(응용화학 전공)는 비행기에 관한 연구로 국내 발명계의 관심을 모았습니다. 권영호는 1929년 '화이어리스' 모터를 미국에서 발명해 무신기 제작에 성공했고, 2년 전인 1927년에는 직상직하 비행기(지금의 헬리콥터)를 발명했습니다. 그러나 외국인이라서 외면을 당해 햇빛을 보지 못하자 제작회사 설립을 추진하기도 했습니다.

7) 제국발명협회는 왜 한반도에 침투했나요?

1931년 만주사변을 일으킨 일제는 물적 · 인적 양 부문을 총동원하며 군수상 필요한 신 자원을 개발하기 위해 발명활동을 장려했습니다. 이에 따라 조선에서도 발명운동을 전개하기 위해 1937년 6월 26일 일본 제국발명협회가 조선지부를 창립했습니다. 제국발명협회는 조선지부 창립 기념으로 그해 10월 11일부터 11일간 상공장려관에서 발명문화전람회를 개최했습니다.

제국발명협회 조선지부는 1938년 8월 발명상담소를 설치하고, 9월에는 발명간담회를 개최했습니다. 이어 그해 10월 15일부터 20일까지 공예품, 완구 등 기타를 망라한 아동작품전람회를 개최했습니다. 조선과 일본 아동의 작품뿐 아니라 만주의 아동 작품도 전시됐으며, 기간 중에 조선 발명자 표창과 함께 강연회 및 좌담회도 개최했습니다.

1938년 10월 8일 제1회 발명장려금을 지급한 제국발명협회 조선지부는 그해 11월 20일 현상논문 '조선에 있어서의 발명의 진흥방안'을 모집해 54편의 응모작 중 1,2등 없이 3등을 최고상으로 선정했습니다.

한편 일제는 전시체제를 강화하면서 제국발명협회의 조선 기구를 강화하기로 하고 1939년 4월 1일 조선지부를 조선본부로 승격시켰습니다. 이어 경성지부를 비롯해 경남지부, 평양지부 등을 순차적으로 신설했습니다. 총독부는 제국발명협회의 보조금도 종래 2만 원에서 3만 5천원으로 증액하기도 했습니다.

제국발명협회 조선본부는 조선발명장려전람회를 1939년 5월 18일부터 24일까지 발명장려관에서 개최했으며, 제2회 조선인 소·중학교 창안 현상모집을 실시하고 1939년 12월에 입상품 상장수여식을 가졌습니다.

한편 1938년 조선의 특허출원건수는 300건에 달해 1935년에 비해 85건 증가했으며, 등록건수는 1937년 20건에서 1938년에는 28건으로 증가했습니다.

8) 대용품 개발도 독려했나요?

만주사변이 장기화함에 따라 일제는 외래품의 수입 금지, 국내품의 소비 제한 등으로 인해 발생한 물품 부족을 해소하기 위해 대용품 개발을 독려했습니다. 적은 생산비와 적은 노력으로 사용상 또는 외관상 종래 사용하던 물품과 차이가 없는 대용품을 만들어내 일반에게 쓰게 할 것인가가 당면한 문제였습니다.

이에 중소공업 진흥을 위해 1938년 8월 공업조합령을 공포했으며, 1939년 8월 공포해 9월 5일 실시된 총동원시험연구령의 측령을 1940년 1월 16일 조선에서도 실시하는 동시에 총독부령 제3호로 총동원연구령시행규칙을 발표했습니다.

이는 총동원법 제25조의 규정에 의해 총동원 물자의 생산 수리를 그 임무로 하는 자나 시험 연구기관에 대해 총동원 물자에 관한 사항, 기타 국가 총동원상 필요한 사항의 시험연구를 명하는 것이었습니다. 사설기관은 물론 공공기관에도 역시 총동원 물자의 생산에 관한 연구를 명령하는 동시에 보조금을 주기도 했습니다.

총동원시설연구의 명령에는 시험연구의 항목, 방법, 규모, 주된 담당자, 기타 필요한 사항을 기재한 시험연구명령서를 교부해 실시했습니다.

따라서 시험연구의 명령을 받은 자는 그 시험 연구를 마쳤을 경우 연구성적을 총독에게 보고해야 하며, 시험연구에 관한 발명이나 고안에 대해 특허출원이나 실용신안의 등록출원을 한 경우 역시 보고해야 할 의무가 있었습니다. (출처: 한국발명진흥회 40년사)

3

해방 후의 발명진흥활동은 어떠했나요?

1) 미 국정에서도 발명진흥제도를 실시했나요?

1945년 8월 우리나라는 해방을 맞았으나 자력으로 독립을 쟁취하지 못했기 때문에 미국의 군정체제 하에 놓이게 되었습니다. 아직 정부가 들어서지 못했으므로 미 군정 초기에는 잠정적으로 일제강점기의 공업소유권제도(현 산업재산권제도)가 그대로 답습되었습니다. 하지만 독립국으로서 제반 행정제도의 확립과 함께 우리 나름대로 공업소유권제도를 마련할 필요성이 높아지자 미 군정은 특허제도 전반에 대한 체제정비에 나섰습니다.

미 군정청은 1946년 1월 4일 '특허행정창설위원회'를 설치하고 그해 1월 22일 미 군정법령 제44호를 공포해 특허, 실용신안, 상표, 의장(현 디자인) 및 저작권에 관한 법률과 변리사에 관한 법률을 시행하도록 했습니다. 그 실시기관으로 조선정부 광공국에 특허원을 설립했습니다.

미 군정법령에 의해 특허원이 개원되기는 했으나 공업소유권에 관한 제반 법령의 미비로 실제 업무집행은 불가능했습니다. 이에 특허원은 1946년 1월 28일 특허원장령 제1호를 공포해 특허법이 제정될 때까지 잠정적으로 기존의 보호제도인 보호원제도를 시행했습니다. 보호원제도는 당시 과도기적인 사회 정세에 따라 널리 알려지지는 못했으나 특허행정 실시에 촉진제 역할을 했습니다.

한편 미 군정청이 설립한 특허원은 특허법 제정 작업에 착수해 1946년 5월 초안을 완성했습니다. 이 법안은 미국 특허법을 참고해 일본 특허법을 우리 실정에 부합되도록 한 것이었습니다. 미 군정은 1946년 10월 5일 제91호로 '특허법'을 공포하고 그해 10월 15일부터 시행했습니다.

이것이 우리나라 최초의 산업재산권 법률인 이른바 '1946년 특허법'이었습니다. '1946년 특허법'은 특허에 관한 사항만 규정한 것이 아니라 실용신안, 의장(미장으로 지칭)에 관한 사항과 특허국의 설치와 직제에 관한 사항까지도 단일법에 규정한 임시조치적 성격의 법률이었습니다. '1946년 특허법'은 비록 과도기적이기는 했으나 1961년 새로운 특허법이 제정될 때까지 15년이나 존속되었습니다.

1953년 서울 종로에 위치했던 특허국 전경

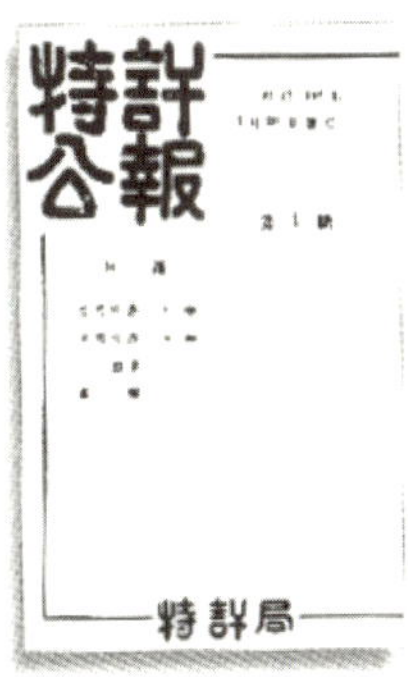

우리나라 최초의 특허공보 제1호(1948. 6. 20)

이는 해방 후 특허제도의 명맥을 이어준 법이라는 점에서 의의가 있었습니다.

이처럼 1946년 10월 '특허법'이 제정됨에 따라 특허원은 상무부 소속의 특허국으로 개칭되었습니다. 또 특허국이 설치된 이듬해인 1947년부터 특허 · 실용신안 · 의장출원 등 공업소유권 출원이 시작되었습니다.

이와 함께 '1946년 특허법'에 의해 변리사제도가 특허법시행규칙에 규정되었습니다. 이에 의해 우리나라 최초의 변리사시험이 1947년 11월에 특허국내에서 시행되었습니다.

이듬해인 1948년 6월 20일 우리나라 최초의 특허공보 제 1호가 발간되었습니다. 공보의 발간은 최신 기술정보 전파와 부실권리설정 방지 등 공업소유권제도 운용에 있어 중요한 의미가 있었습니다.

특허공보 제1호에는 특허와 실용신안이 혼합 수록됐으며, 실용신안 6건과 특허 4건으로 총 10건이 공고되었습니다. 의장으로는 우리나라에서 최초로 등록된 '반 휘장 옷고름의 모양 및 색채의 결합'이 특허공보 제2호(1948년 11월 20일 발행)에 게재되었습니다.

최초의 상표공보는 1952년 10월 20일 특허공보 제9호에 합본으로 발행되었습니다.

이후 마침내 제헌국회에서 1948년 7월 17일 대한민국 헌법을 제정하고 그해 8월 15일 대한민국정부가 수립되었습니다. 이에 따라 1948년 7월 정부조직법이 법률 제1호로 공포되고 각 행정기관의 주관사무가 재조정돼 특허행정은 상공부로, 저작권업무는 공보처로 이관되었습니다. 이어서 1949년 5월 23일 대통령령 제119호로 특허국설치령이 제정 공포되었습니다.

하지만 정부 수립 이후 우리의 실정에 맞는 새로운 법률을 제정하기 위한 노력에도 불구하고 1949년 5월 특허국 직제 공포와 1949년 11월 상표법 제정 이외에 큰 변화가 없었습니다. 특허법은 1961년 새로운 특허법이 제정되기까지 미 군정에 의해 제정된 '1946년 특허법'이 그대로 유효하게 실시되었습니다.

한편 공업소유권 등록은 출원보다 한 해 늦은 1948년에 특허 · 실용신안 및 의장등록으로 시작되었고, 상표등록은 1949년 11월 상표법이 제정 공포된 이후 1952년부터 시작되었습니다. 한국전쟁이 끝난 1953년 전체 등록건수는 192건에 불과했으나 1954년에 523건으로 증가했습니다. 1956년에는 1,063건으로 1,000건을 넘어섰습니다. 1960년 전체 등록건수는 1,493건이었으며 권리별 등록비율은 특허 14.7%(219건), 실용신안 19.1%(285건), 의장 11.6%(174건)이었습니다. 상표는 54.6%로써 815건이 등록되었습니다.

2) 조선발명장려회(대한발명장려회)는 어떤 단체였나요?

1945년 8월 15일 해방 후 미 군정은 우리나라 경제인들과 함께 발명장려를 논의했습니다. 미 군정청 상무부장 오정수, 문교부장 유억겸, 조선상공회의소 회장 이동선 등은 현대 국가 발전의 근원이라고 할 수 있는 과학 발전의 촉진을 위해 1947년 10월 27일 미 군정청 상무부 회의실에서 조선발명장려회를 창설했습니다.

초대 임원진은 회장에 상무부장 오정수, 부회장에 조선상공회의소 회장 이동선, 상무이사에 초대 특허국장이자 우리나라 최초의 변리사인 이채호, 중앙공업연구소장 안동혁, 기술연합회장 이준열 등을 선임했습니다.

조선발명장려회는 정부보조금 40만 환을 지원받아 6·25전쟁 전까지 기관지 발행, 발명사상 앙양을 위한 영화 상영, 강연회와 좌담회 개최 등 다양한 활동을 펼쳤습니다. 설립 이듬해인 1948년 5월 발명장려를 위해 발명고안을 현상 모집했으며, 그해 12월 28일에는 「과학과 발명」이라는 잡지를 창간했습니다.

1949년 3월에는 한글타자기 연구와 공업화를 도모하고자 한글타자기를 현상 공모했습니다. 심사 결과 1949년 7월 20일 1등에 공병우(안과의사), 2등 송계범(전남대 교수)·오병호 공동연구, 3등 장례세, 김동훈 등을 선정해 시상했습니다.

공병우는 한글타자기를 특허등록하고 미국 언더우드타자기 사에 제작을 의뢰해 대량생산을 도모했습니다. 나아가 ECA의 원조를 받아 대량으로 제작해 보급했습니다. 또한 1949년 6월에는 전류제한기를 현상 공모해 정원섭 등을 시상했습니다.

조선발명장려회는 6·25전쟁으로 활동을 일시정지 했다가 활동을 재개했습니다. 첫 사업으로 제1회 발명의 아침, 상표의 날을 제정하고 그 행사의 일환으로 1953년 4월 17일부터 21일까지 부산시 남포동 국제구락부에서 상공부 특허국, 대한상공회의소, 대한기술총협회, 한국변리사회의 후원으로 제1회 발명품전시회를 우량상표전시회와 함께 개최했습니다. 이 전시회에는 총 200여 종의 발명고안품이 전시되었습니다.

특히 한국변리사회와 함께 1955년 1월 상공부의 특허국을 특허청으로 승격하고 그 기구를 강화한 것을 만국 공업소유권보호동맹에 가입할 것, 특허기구를 설치할 것, 도서관과 전시관 등을 설치할 것 등을 관계 요로에 건의하는 등 발명진흥 기반 조성에 힘썼습니다.

조선발명장려회는 1953년 정전 이후 대한발명장려회로 개칭했으며, 1956년 9월 10일 다시 한국발명협회로 개칭했습니다.

3) 과학전람회도 개최했나요?

해방과 함께 우리나라 실정에 맞는 새로운 특허법률 제정 노력과 더불어 공업소유권에 대한 관심도 증대되었습니다. 이에 조선발명장려회는 우리나라의 광공업 재건 발전을 위해 공업소유권에 대한 건의서를 미 군정에 제출했습니다.

일제 강점기에 공고 혹은 등록된 온갖 발명 고안에 관한 특허권, 상표권, 의장권 등을 무상으로 공개할 것과 우리나라 발명가와 우리 경제에 가장 유리하도록 민간인의 의견을 반영해 특허법을 수시 개정할 수 있도록 할 것을 내용으로 하고 있었습니다. 또 우리나라 사람들의 발명고안을 외국 어느 나라에도 특허출원할 수 있도록 적극적 편의와 장려를 국가적 입장에서 노력해 줄 것과 특허권의 존재를

1949년 9월 1주일 동안 지방에서 전국과학전람회 개최 (사진은 제4회 과학전람회 모습)

확인하도록 함에 가급적 속히 심사 제도를 실시해 줄 것을 건의했습니다.

이후 일반인들에 대한 과학의 계몽과 발명 창안의 의욕을 북돋아주기 위해 1948년 정부 수립 후 처음으로 문교부는 1949년 9월 1주일 동안 전국과학전람회를 지방에서 전시했습니다.

이어 10월 21일부터 11월 3일까지 2주일 동안 중앙전람회를 경복궁 미술관에서 개최했습니다. 전람회는 어린이관, 물리화학관, 생물관, 발명관, 기계관, 교통참고관, 전기관, 지하자원관, 천문기상관, 생활개선관, 항공항해관 등으로 구성, 과학과 발명에 대한 일반인들의 관심을 이끌어 냈습니다.

4) 한국발명협회(대한발명협회)는 어떤 단체였나요?

대한발명장려회는 1956년 9월 10일 제3회 정기총회를 열어 한국발명협회로 개칭하고 새롭게 출범했습니다. 1957년 2월 8일 사단법인 인가도 받았습니다.

한국발명협회는 새로운 출범에 따라 정관을 제정하고 임원을 선출했습니다. 총재로 김일환 상공부 장관을 추대했고, 회장에 주이회, 부회장에 공병우, 이근택을 선임했습니다.

한국발명협회는 각종 발명품전시회, 강연회, 현상공모 등의 활동을 지속적으로 펼쳐 나갔습니다. 기관지인 「과학과 발명」도 계속 발간했습니다.

또한 1957년 제19차 국무회의에서 발명장려 및 과학정신을 함양하기 위해 측우기가 반포된 1442년(세종 24년) 5월 19일을 기려 '발명의 날'로 정하고, 1957년 5월 19일 제1회 발명의 날 기념행사도 가졌습니다.

한국발명협회는 1959년 제3회부터 상공부로부터 발명의 날 행사를 넘겨받아 1972년 제16회까지 개최했습니다. 이후 한국발명협회는 1964년 대한발명협회로 다시 개칭하고 활동을 이어 나갔으나 1973년 한국특허협회가 창립됨에 따라 1974년 해체되었습니다.

5) 발명의 날은 어떻게 제정되었나요?

1948년 정부 수립 이후 발명 진흥을 위한 노력이 가시화되기는 했으나 특허행정 등 발명 기반은 아직 미약하기만 했습니다. 특허국 인원도 1957년 15명, 1958년 14명, 1961년 19명에 불과했습니다. 조선발명장려회 등 단체의 활동 역시 발명에 대한 전 국민의 관심을 촉발시키기에는 역부족이었습니다.

이에 정부는 발명사상과 과학진흥정신을 고취하기 위해 연중행사의 하나로 발명의 날을 제정하기로 했습니다.

1956년 8월 15일 열린 제2대 대통령 취임식에서 이승만 대통령이 취임사를 통해 발명의 날 제정을 약속하면서 속도가 붙었습니다. 그리하여 1957년 2월 22일 제 19차 국무회의에서 세종대왕의 측우기 반포일(1442년 5월 19일)을 '발명의 날'로 정했습니다.

우리나라 역사상 저명한 발명이나 발견의 날을 선정하기로 하면서 활자 발명의 날, 측우기 발명의 날, 이순신 장군의 거북선 발명의 날이 후보에 올랐는데, 활자는 만든 날짜와 사람이 밝혀지지 않았고, 측우기는 서양보다 200년이나 앞섰으며 만든 사람도 날짜도 분명하므로 이날을 삼는 것이 타당하다는 결론이었습니다.

제1회
발명의 날
기념식

'5월 19일 발명의 날'은 1957년 2월 26일 상공부 고시 제256호로 공포되었습니다.

이에 따라 제1회 발명의 날 기념행사가 1957년 5월 20일(19일은 일요일) 상공부, 문교부, 교통부장관을 비롯해 당시 특허국장 등 5,000여 명이 참석한 가운데 중앙청 광장에서 열렸습니다.

이날 기념식에서 이승만 대통령은 유시(상공부장관 대독)를 통해 '좋은 발명이 많이 나도록 정부와 민간에서 많이 도와서 우리나라를 발전시켜 나가는 데 다 같이 힘써 줄 것'을 당부했습니다.

지방에서도 도청 소재지 단위로 기념식을 개최했으며, 전국 각급 학교단위로도 행사를 개최했습니다.

서울사범대학교 합창단의 '발명의 날 노래' 합창이 있은 후 '가마니 제조기'를 발명, 기업화에 성공한 유재철 등을 비롯한 발명품 기업화 및 우량상표 보유자에 대한 표창장을 수여했습니다. 1958년 제2회 행사에서는 기념식과 함께 5월 15일부터 6월 3일까지 시내 종로 화신백화점에서 발명품전시회(129점 출품)를 개최했습니다.

이같이 전국적으로 거행된 발명의 날 기념행사는 1959년 제3회 행사까지 계속되었습니다. 그러나 1960년에는 4·19혁명으로, 1961년에는 5·16으로 인해 두 해를 거르고, 1962년 제6회 행사부터 1965년 제9회 행사까지는 제3회와 마찬가지로 한국발명협회 주최로 개최되었습니다. 1966년 제10회 행사부터 1972년 제16회 행사까지는 한국발명협회에서 명칭을 변경한 대한발명협회 주최로 개최됐는데, 1966년 제10회 행사 때는 제1회 과학기술자대회도 함께 개최되었습니다.

이후 정부는 1973년 3월 30일 국무회의 심의를 거쳐 대통령령 제6615호로 제정된 각종 기념일 등에 관한 규정에 의해 발명의 날을 상공의 날에 통합했습니다.

6) 발명보호법은 어떻게 제정되었나요?

정부는 발명품의 생산, 수출 및 보급을 장려하고 발명가의 보호육성을 법으로 보장하기 위해 1958년 3월 11일에 법률 제484호로 '발명보호법'을 제정하고, 그해 11월 14일 대통령령 제1417호로 동법 시행령을 제정했습니다.

전문 10조 부칙으로 된 발명보호법은 △발명자를 보호하기 위해 발명보호위원회를 설치한다. △우수한 발명품 중 대통령령으로 지정된 품종의 생산에 있어서는 영업세, 소득세 및 물품세를 면제한다(발명특허품은 사업개시일로부터 5년간, 실용특허품은 사업개시일로부터 5년간).(제7조) △한국인의 발명품으로서 외국에서 생산해 국내로 수입할 경우는 동세를 면제한다.(제8조) △발명품과 동일한 용도를 가지고 있거나 발명품으로 대체할 수 있는 외국산 제품은 상공부장관의 허가를 받지 않으면 수입할 수 없다.(제9조) 등의 내용을 골자로 하고 있었습니다.

발명에 관한 국가의 중요 시책에 대해 정부의 자문에 응하고 정부에 건의하기 위한 목적으로 상공부에 설치한 발명보호위원회는 위원장 1인과 위원 10인 이내로 구성되었습니다. 위원장은 상공부장관, 위원은 재무부 차관, 문교부 차관, 건설부 차관, 특허국장 및 발명에 관한 학식 경험이 풍부한 자 중에서 상공부 장관이 위촉하도록 했습니다. 또한 위원회에 위원장이 상공부 소속 공무원 중에서 간사와 서기를 둘 수 있도록 했습니다. 그 조직과 운영에 관한 사항을 정하기 위해 1958년 11월 14일 대통령령 제1418호로 '발명보호위원회규정'을 제정 공포했습니다.

그러나 동법은 1966년 1월 1일 자 조세감면규제법의 시행으로 인해 면제조항의 효력이 사실상 중단됨으로써 유명무실해지고 말았습니다.

한편 1957년부터 특허시작품을 사들여 자본이 부족한 발명가의 시작시험을 돕고 우수한 발명고안이 조속히 기업화돼 실시계약 또는 권리의 양도계약이 쉽게 이뤄지도록 했습니다. 1957년에는 678만 3,825환으로 35점을 사들였으며, 1958년에는 303만 4,716환으로 12점을 사들였습니다.

나아가 1958년에는 특허품시작비의 반액을 예산에서 보조하도록 했습니다. 1958년 세출예산에서 특허품시작비의 반액을 보조토록 하고 제1차로 31건에 대해 462만 7,920환을 1958년 12월 2일 자로 교부했습니다. 제2차는 27건에 대해 736만 8,400환을 1958년 12월 26일 자로 교부했습니다.

한편 특허품의 기업화를 촉진해 산업 발전에 기여토록 하고자 소요비용의 반액에 해당하는 발명장려금을 교부했습니다. 1958년도 세출예산에서 10건의 특허품을 기업화하기 위해 소요비용의 반액에 해당하는 899만 8,000환을 1958년 10월 14일 자로 교부했습니다.

7) 발명상 규정은 어떻게 제정되었나요?

발명의 장려를 위해서는 실용적으로 우수한 발명에 대해 표창하는 제도를 수립하는 것이 필요했습니다. 그래서 그동안 발명품 전시회 개최 때마다 우수한 발명품에 대한 표창을 했고, 또 수시로 발명에 대한 현상모집과 국가 산업발전에 기여한 우수한 발명품에 대해 표창을 해왔습니다.

정부는 이것을 제도화해 권위를 세우고자 1959년 2월 2일 자 상공부령 제63호로 '발명상 규정'을 최종 공포했습니다. △정기적으로는 매년 특허받은 발명 중 가장 우수하다고 인정되는 것에 대해 '발명 특허상'을 수여하고(제3조) △수시로 산업 건설상 또는 국민생활에 있어서 긴급한 부문에 대해 발명고안을 현상 모집해 당선자에게 '발명 고안상'을 수여하며(제4조) △고등학교 이상의 각급 학교 재학생의 발명고안품에 대해서는 '학생 발명상'을 수여(제5조)함으로써 창의력과 발명 사상을 앙양하고자 한 것입니다.

이와 더불어 표창의 권위를 높이기 위해 특허국장이 위원장이 되고 발명에 관한 학식과 경험이 풍부한 위원 8명으로 구성된 발명상 심사위원회(제6조, 제7조)를 상공부 특허국에 두기로 한 것입니다.(출처: 한국발명진흥회 40년사)

4

경제개발과 발명진흥은 어떤 관계인가요?

1) 공업소유권 4법체계 구축과 심사기준 제정은 어떻게 했나요?

1948년 정부 수립 후에도 미 군정법령으로 제정된 '1946년 특허법'이 계속 실시되면서 우리나라 실정에 부합하지 못하는 폐해가 나타나기 시작했습니다.

이에 특허국은 새롭게 특허법을 제정하는 동시에 실용신안과 의장에 대해서도 별도로 법을 제정할 필요성에 따라 1959년 2월 3개 법안의 기초를 완료했습니다. 이후 1961년 정부의 법령 일제 정리 작업의 일환으로 1961년 12월 31일 전문 9장 158조 및 부칙으로 구성된 새로운 특허법이 법률 제950호로 제정 공포되었습니다.

이와 함께 실용신안법(법률 제952호) 및 의장법(법률 제951호)도 같은 날 제정 공포되었습니다. 이로써 우리나라의 발명장려제도는 1949년 11월 제정된 상표법과 함께 공업소유권 4법체계를 구축하기에 이르렀습니다.

이어 정부는 1962년 경제개발 5개년계획의 추진으로 광범위한 산업기술 분야 심사 심판의 전문성과 특허업무 증가에 대한 대응이 요구되자 1966년 2월 특허국의 기구를 대폭 확장해 공업소유권 행정조직의 기틀을 마련했습니다. 그해 3월 12일 '국가공무원정원령' 개정(대통령령 제2461호)에서는 특허국 정원이 52명에서 100명으로 증원되었습니다.

이후 정부는 특허·실용신안에 대한 적정한 심사기준을 확립해 심사에 일관성을 기하기 위한 목적으로 '산업별 심사기준의 지침'을 1969년 9월 10일 제정했습니다. 1972년에는 공정한 심사로 특허행정의 공신력을 확보하려고 '심사준칙'을 제정했는데, 모든 출원의 접수에서부터 심사 등록에 이르기까지의 각종 처분 및 취급 기준을 통일한 것이었습니다. '의장심사기준'과 '상표심사기준'은 1969년 12월 26일과 1970년 5월 1일 각각 제정되었습니다.

특허법시행규칙에 규정돼 있던 변리사제도는 1961년 '변리사법'의 제정으로 비로소 법률로 규정되었습니다. 1961년 12월 23일에는 법률 제864호로 변리사법이 제정 공포되었습니다. 동법 시행령은 이듬해인 1962년 3월 22일 각령 제556호로 제정됐으며, 동법 시행규칙은 1963년 9월 28일에 상공부령 제121호로 제정되었습니다. 이로써 변리사제도는 독립된 법률에 근거를 두고 정착하게 됐지만, 이렇게 제정된 변리사법도 일제강점기 변리사제도의 골격을 크게 벗어나지는 못했습니다.

또 변리사법시행령 제2조의 규정에 따라 변리사시험을 시행할 변리사시험위원회와 제27조의 규정에 의해 변리사의 징계에 관한 사항을 담당할 변리사징계위원회를 상공부 장관 소속하에 각각 설치하도록 했습니다.

2) 발명장려금교부규정은 어떻게 제정되었나요?

1962년 3월 22일 '발명장려금교부규정'이 공포되었습니다. 특허법 제37조의 규정에 따라 예산의 범위 내에서 이 규정이 정하는 바에 따라 발명장려보조금을 교부하기로 한 것입니다.

보조금을 교부할 수 있는 대상으로 △우수한 발명품의 생산, 수출 및 이에 관한 시험 또는 시작품의 제작 △국민생활에 현저하게 기여할 발명의 연구 또는 그 장려 △국민생활에 현저하게 기여할 발명의 연구 또는 그 장려와 관련된 발명품의 전시 △발명품의 현상모집과 발명가의 표창 △기타 발명장려에 관한 사업으로 규정했습니다. 그리고 보조금 지급 대상자는 발명자, 그 승계인, 발명의 실시권자, 발명연구자 또는 발명의 연구나 장려를 목적으로 하는 공익기관과 법인으로 한정했습니다.

그리고 제4조(교부액 한도)에서는 보조금의 교부액을 사업에 관한 소요경비의 5할 이내로 하되 △우수한 발명품의 생산, 수출 및 이에 관한 시험 또는 시작품의 제작 △국민생활에 현저하게 기여할 발명의 연구 또는 그 장려의 경우에는 전액을 지급할 수 있도록 했습니다.

1973년 12월 27일의 개정을 통해 특허뿐만 아니라 실용신안 및 의장의 고안에 대해서도 준용하기로 했습니다.

1981년 7월 30일에는 특허법시행령을 개정하면서 보조금 지급

대상에 '발명 · 고안의 외국출원'을 추가했으며, 1990년 8월 28일에는 '학생의 발명활동촉진'과 '발명 장려를 위한 전시회 등 행사개최'를 추가했습니다.

한편 2001년 6월 27일에 개정하면서 종전의 특허법의 규정을 받던 것을 발명진흥법의 규정을 받도록 바꾸었습니다.

그러나 발명장려금교부규정은 2006년 9월 4일 대통령령 제19672호에 의해 폐지되었습니다. 같은 날 개정된 발명진흥법시행령 부칙 제2조에서 '발명장려보조금교부규정'을 폐지하기로 함에 따른 것이었습니다.

발명장려보조금교부규정의 다수 규정이 보조금 관련 일반법인 '보조금의 예산 및 관리에 관한 법률'(법률 제6400호, 2001.1.29. 공포 · 시행) 및 동법 시행령(대통령령 제19030호, 2005.8.31. 공포 · 시행)과 중복 · 유사해 특별규정으로서의 성격이 모호했습니다. 그리고 개정된 발명진흥법이 2006년 9월 4일 시행되면서 종래 발명장려보조금교부 등에 대한 위임규정이 대통령령의 포괄 위임형태에서 위임범위를 구체적으로 명시하는 형태로 변경되었습니다. 또 법률의 위임범위에 충실한 행정 입법을 위해 발명장려보조금교부규정 중 법률의 위임사항에 해당하는 일부 규정을 발명진흥법시행령으로 이관하는 한편 발명장려보조금의 교부에 관해 필요한 사항을 정하고 있어 이를 폐지하게 된 것입니다.

3) 특허 기업화를 위한 노력은 어떠했나요?

1947년 특허 · 실용신안 · 의장출원 등 공업소유권 출원이 시작된 이후 1962년 말까지 출원건수는 총 2만 9,800여 건, 그중 특허등록된 것은 1만 1,688건에 달했습니다. 부문별로 보면 특허출원이 5,506건으로 18%, 실용신안이 9,890건으로 33%, 의장이 3,094건으로 11%, 상표가 1만 1,313건으로 38%였습니다.

해마다 출원은 대체로 3,000건을 헤아렸는데, 출원 건수는 경제동향이 호전되면 증가하는 경향을 보였습니다. 특정 외래품 판매금지법의 발동으로 국내 기업활동이 활기를 띠었던 1961년에는 전년 3,347건보다 증가한 4,076건이었으며, 1962년에는 5,028건으로 늘어났습니다.

하지만 이 같은 증가세에도 불구하고 선진 외국과 비교하면 크게 미미한 수준이었습니다. 일본과 서독은 연간 10만 건이 넘고, 미국이 8만 건, 영국이 4만 5,000건, 프랑스가 3만 7,000건, 이탈리아가 3만 건을 헤아렸습니다.

이렇듯 외국에 비해 출원 건수가 낮은 이유는 우선 외국 원조, 외국 상품에의 의존도가 높고 외국상품을 모방하는 데 급급했던 국내 경제 사정을 꼽을 수 있었습니다. 발명활동을 뒷받침할 만한 자본이 부족하고 연구시설의 미흡과 기술의 낙후성이 주요 원인이었습니다.

또 특허기술에 대한 기업의 관심이 부족해 사업화되지 못하고 정부의 지원도 충분하지 못했습니다. 어떤 발명품이 출원 · 공고됐을 경우 예산 부족으로 충분히 일반에게 알릴만큼 홍보할 수 없었던 것입니다.

이에 따라 발명품을 일반에게 홍보해 발명가와 기업인 사이의 유기적인 매개역할을 담당하기 위한 한국아이디어뱅크가 1963년 7월 발족하기에 이르렀습니다. 한국아이디어뱅크는 △아이디어 매매

주선 △발명고안 매매 및 대체 주선 △발명고안의 상담지도 △발명고안을 구하고 있는 회사 소개 △우수한 발명가 아이디어맨 소개 △신제품의 해외 소개 △발명고안에 대한 투자 주선 등을 추진했습니다.

1964년 4월에는 우리나라 최초로 발명생산품전시회가 열려 특허상품의 기업화를 촉진했습니다.

대한발명협회는 1967년 발명의 날을 맞아 특허산업은행 설립을 정부에 건의했습니다. 특허를 받아 이를 기업화하고 있는 것은 약 10%이며, 이 중 기업으로 성공하고 있는 것은 다시 10%, 즉 전체 특허권의 1% 미만이 기업화에 성공하는 실정을 개선하려고 발명가나 혹은 특허권을 사려는 기업체만을 대상으로 하는 특수은행이 필요하다는 주장이었습니다.

한편 특허공보류의 이용과 활용을 도모하려고 36곳의 특허공보 지방열람소를 운영하는 가운데 1966년 공업소유권제도 인식 제고를 위한 지방순회 계도사업이 처음 실시되었습니다. 실시 첫해에는 각 지방강습회 또는 좌담회를 13회, 1967년에는 9회 실시했으며 매스컴을 통한 홍보도 7회 실시했습니다. 또한 국민의 발명의욕 고취를 위해 미국특허청에서 제작한 기록영상필름 '발명에의 등불(Inventive to Progress)'을 1966년에 6개월 동안 빌려 전국 각 지방 순회강습에서 상영했습니다.

4) 조세감면규제법 시행으로 발명장려 세제지원이 유명무실화되었나요?

1966년 1월 조세감면규제법에 따라 발명보호법상의 면세조항이 효력을 잃게 되자 한국의 공업소유권 약화로 발명기반 상실에 대한 우려가 높아졌습니다.

그동안 정부는 발명보호법 제6조에 따라 발명, 실용특허를 기업화할 경우 특허당국의 심의를 거쳐 상공부장관이 결정한 발명특허품은 사업 개시일로부터 5년간, 실용특허품은 3년간 영업세, 소득세, 물품세 등을 면제받는 혜택을 줬습니다. 그런데 1965년 12월 20일 법률 제1823호를 공포, 1966년 1월 1일 발효된 조세감면규제법(제2조)은 조세감면대상에서 발명 보호 · 장려를 위한 면세를 제외했습니다. 이로 인해 발명 · 실용특허권자들은 특허를 기업화했을 때 전혀 면세혜택을 받지 못하고 세금을 내게 되었습니다.

이 같은 특허 과세에 대해 대한발명협회와 발명 · 실용권자들은 △발명의욕을 감퇴시켜 국내산업 발전에 지장을 가져오고 △발명·실용특허품에 대한 기업화가 곤란하게 되며 △결과적으로 한국의 공업소유권이 약체화돼 일본 등 외부로부터의 침투가 용이해지는 등 아이디어 개발방침에 어긋나는 역현상을 초래할 것이라고 우려했습니다. 실제로 발명특허 출원이 1965년 12월 89건이었던 데 비해 1966년 1월 들어 33건으로 감소했습니다.

또한 특허권자들은 발명보호법의 면세조항을 소멸시킴으로써 얻는 정부의 세수증가는 겨우 500여만 원에 불과하며 실제 면세혜택을 받는 비율도 등록된 특허권자의 11%에 지나지 않는다고 지적했습니다. 이에 대해 정부는 특허 자체가 보호조처인데 면세혜택까지 줄 이유가 없으며, 조세공평부담원칙에 어긋난다는 등 이유를 내세워 물러서지 않았습니다.

이처럼 특허 과세로 인한 논란이 계속되는 가운데 1966년 5월

19일 제10회 발명의 날 행사의 일환으로 열린 제1회 전국과학기술자대회에서 발명보호법 중 면세조항을 부활해 우수 발명기술에 대해 특허료를 감면하고 기업 육성을 위해 면세해 줄 것을 건의했습니다. 이 자리에는 박정희 대통령도 참석했는데, 대통령 및 국회의장에게 보내는 건의문을 채택하고 과학기술진흥법의 제정을 촉구했습니다.

사실 1960년대 당시 우리나라는 발명가들을 위한 보호정책이 시급했습니다. 1966년 특허국 통계에 의하면 실용특허출원 3,500건, 발명특허출원 1,500건 중 78%인 3,300건이 연구시설도 갖추지 못한 개인의 손으로 발명 고안된 것이었습니다. 이 중 약 30%인 1,800건이 특허심사를 통과했습니다.

이 같은 사실은 기업이나 정부가 연구와 기술발전에 관심을 거의 쏟지 않는다는 사실을 방증하고 있었습니다. 미국의 GE나 GMC 같은 회사들이 발명특허연구에 연간 수억 달러씩 쓰고 있는 상황에서 한국 기업들은 특허발명은커녕 안일하게 외국 기술의 도입과 제휴에 열중하며 국내 발명계와 기술진을 위축시켰던 것입니다.

때문에 예산과 인원 부족으로 시장 조사나 특허산업 현황도 파악하지 못하고 있는 실정에서 특허사업면세 조차 폐지됨으로써 우리나라 발명진흥 기반이 약화되는 상황을 맞았습니다.

5) '발명·신안개발보조금' 제도는 어떻게 도입했나요?

1966년 1월 조세감면규제법(지금의 조세특례제한법)이 제정되면서 이 법에 따라 발명보호법상의 면세조항이 효력을 잃게 되자 한국의 공업소유권 약화와 발명기반 상실에 대한 우려가 높아졌습니다.

그동안 정부는 발명보호법 제5조의 규정에 따라 보조금을 지급하고, 제6조의 '우수한 발명품 중 대통령령으로 지정한 품종의 생산에 대해 발명특허품은 사업 개시일로부터 5년간, 실용특허품은 3년간 영업세, 소득세 및 물품세를 면제한다.'는 규정에 따라 면세혜택을 줬습니다.

그런데 조세감면규제법 제2조의 '조세감면규제법 및 조약과 다음 각 호에 게기하는 법률에 의하지 아니하고는 조세의 감면은 할 수 없다.'는 규정에서 발명보호법이 제외됨으로써 발명 보호 · 장려를 위한 면세가 제외되었습니다. 이로 인해 발명 · 실용특허권자들은 특허를 기업화했을 때 면세 혜택을 받지 못하게 된 것입니다.

법적으로는 이미 발명을 장려 · 보호 · 육성함으로써 기술의 진보와 발전을 도모하고 나아가 국가 산업발전에 기여할 수 있는 체제를 갖추고 있었습니다. 그러나 특허법과 실용신안법을 비롯해 의장법, 발명보호법, 발명장려보조금교부규정, 부정경쟁방지법 등 형식적인 요건은 다 갖추고 있으나 제 구실을 못하고 있었습니다. '공업소유권 관계법은 사법(四法)이 아니라 사법(死法)'이라는 혹평이 나올 정도였습니다.

그런 상황에서 정부는 특허권자와 실용신안권자가 돈이 없어 발명품을 기업화 내지는 실용화하지 못하는 실정을 도와주기 위해 1968년 2월 '발명 · 신안개발보조금' 제도를 도입했습니다. 이는 발명장려의 측면보다는 과학기술의 진흥이라는 측면이 강했습니다.

1967년 1월 16일 법률 제1864호로 과학기술진흥법이 제정되고, 그해 4월에 발족된 과학기술처가 국민의 발명의욕을 촉진시키고, 과학기술의 진흥을 위해 우수발명 및 실용신안 중에서 기업화가 가능한 것에 시작품 제작비를 지급하려고 이를 도입한 것입니다.

보조금을 받을 수 있는 발명·실용신안은 △기업화 단계까지 시험작품 개량의 필요가 있으나 자금이 없는 경우 △내용이 기술수준상 우수하고 수익성이 높은 것 △회계연도(1968년) 내에 완료할 수 있는 사업 등을 기준으로 삼았습니다.

발명계로서는 환영할만한 일이기는 했으나 행정질서의 문란을 야기하는 것이라는 지적을 받기도 했습니다. 연구개발의 촉진단계에 그쳐야 할 과학기술처의 행정력이 발명의 기업화 단계까지 미치는 것은 월권이라는 것이었습니다.

어쨌거나 과학기술처는 대한발명협회를 통해 보조금 신청을 받기로 했으나 대한발명협회가 이의를 제기하고 나섰습니다.

과학기술처는 시작품 제작단계까지 지원해주려고 하는데 반해 대한발명협회는 양산화할 수 있는 기업화 단계까지 보조해주어야 한다고 주장하고 나섰던 것입니다. 결국 대한발명협회의 의견이 반영돼 양산화할 수 있는 기업화 단계까지 지원하기로 하고 신청을 받아 접수된 181건 중 39건을 선정해 1968년 6월에 1,900만 원(건당 최하 10만 원에서 최고 500만 원까지)을 지급했습니다.

이로써 국내 발명 및 실용신안을 개발해 산업기술을 발전시키고, 실용신안의 기업화와 상품의 보급을 조장하게 되어 외국제품의 침해로부터 국산품을 보호·장려하는 길이 열리게 됐으나 보조금의 규모가 너무 작은 데다 사후관리가 어렵다는 이유로 무용론이 대두되기도 했습니다. 그리고 과학기술처가 1969년부터 우수발명이 외국정부에서 특허권을 얻게 하려고 출원 보조비를 지원해주었으나 그 실적은 미미했습니다.

이처럼 말도 많고 탈도 많던 '발명 · 신안개발보조금' 제도는 1968년부터 1972년까지 5년간 시행되었다가 1973년에 일체 중지됨으로써 발명 장려에 대한 지원이 전무해 발명에 대한 의욕을 잃게 하고 말았습니다. 1973년 초 정부의 각종 보조금지급 절감시책에 따라 중단된 것입니다. 1968년부터 1972년까지 과학기술처가 일반인 신청과 상공부 등의 추천으로 지급했던 특허장려 보조금은 모두 126건에 7,859만 원으로 연간 2,500여만 원에 그쳐 특허품의 시작에는 아무런 성과도 거두지 못하고 막을 내리고 말았습니다.

이러한 발명 장려를 위한 보조금 지급제도는 1982년 특허청이 우수발명 시작품 지원 사업을 추진하면서 부활되었습니다.

특허청은 시행 첫해인 1982년에 12개 우수발명을 선정해 시작품을 제작할 수 있도록 발명 건당 440만 원에서 최고 838만 원까지 총 5,016만 원을 지급했습니다.

6) 직무발명 보상제도는 어떻게 시행했나요?

1972년 7월 박정희 대통령이 발명공무원 포상을 지시하면서 공무원의 발명에 대한 보상제도 운영대책 마련이 수면 위로 떠올랐습니다. 사실 그동안 직무발명에 대한 보상책을 제도화하라는 요구가 줄기차게 이어지고 있는 상황이었습니다. 경제 성장과 함께 적극적인 연구개발투자가 이뤄지면서 국공립이나 사립 연구기관 설립이 잇따르고, 이에 따라 발명도 개인 위주에서 우수한 시설을 갖춘 연구기관으로 중심축이 이동하고 있었기 때문이었습니다.

그러나 당시까지 국공립 연구기관에서 연구하는 사람들은 발명을 해도 아무런 보상을 받지 못하고 있었습니다. 즉 근무하면서 발명한 자에 대해서는 발명자라는 명예 이외에 특허 실시권은 주어지지 않았습니다. 때문에 연구원들의 사기를 진작시켜 연구활동을 활성화하고 발명을 촉진하도록 이들에 대한 보상제도 마련이 시급히 요청되고 있었습니다.

1972년 7월 박정희 대통령의 지시 이후 그해 12월 국무회의에서 공무원이 직무와 관련해 발명한 것을 국가가 승계하고 보상금을 지급하는 '공무원직무발명보상규정'을 의결하면서 공무원의 발명에 대한 보상제도 시행은 급물살을 탔습니다.

1972년 12월 '공무원직무발명보상규정'(대통령령 제6397호)을 제정해 1973년 1월부터 시행에 들어갔습니다. 이 규정은 특허법 제15조(피용자의 발명) 및 제16조(피용자에 대한 보상금)의 규정에 의거해 공무원(지방공무원 제외)의 직무발명에 대해 규정함으로써 이를 보호하고 장려해 연구의욕을 향상시키고, 국가산업발전에 기여할 수 있게 되었습니다.

국가는 발명자의 직무발명에 대해 특허를 받을 수 있는 권리를 승계하고, 그 대가로 보상금과 등록보상금을 지급하며, 해당 권리가 처분됐을 때에는 처분보상금도 지급하도록 한 것입니다.

시행에 필요한 사항을 규정하기 위해 1973년 2월 8일 특허법을 전면개정하면서 제17조(직무발명)와 제18조(직무발명에 대한 보상)를 신설했으며, 1973년 5월에는 상공부령 제384호로 '공무원직무발명보상규정시행규칙'도 제정했습니다.

1973년 6월에 국무총리 훈령으로 지자체, 국영기업체, 공공연구기관 및 민간 기관과 기업체로 직무발명보상 대상을 확대하도록 함에 따라 국가공무원을 대상으로 시작된 직무발명보상제도가 민간 기업으로 확산되기 시작했습니다. 민간 기업에서도 기업의 특성에 맞춰 직무발명 보상규정을 마련하고 특허전담부서를 설치해 종업원들의 직무발명을 장려하고 이에 대한 보상을 하게 된 것입니다.

1973년 6월 국무총리 훈령 제113호로 제정된 이 규정은 지자체, 국영기업체, 공공연구기관 및 민간업체로 대상을 확대했습니다.

국가공무원을 대상으로 시작된 직무발명보상제도가 이처럼 민간 기업으로 확산됨에 따라 각 기업에서는 기업의 특성에 맞춰 직무발명 보상규정을 마련하고 특허전담부서를 설치해 이를 관리하기 시작했습니다.

이후 공무원에 대한 보상이 점차 증가함에 따라 국가가 승계한 특허권 등을 효율적으로 관리하기 위해 1976년 4월 대통령령 제8095호로 '국유특허권처분관리규정'을 제정했습니다. 이로써 재무부가 관리하던 국유재산 중 국유특허권에 한해서는 예외적으로 상공부 장관이 관리하도록 했습니다.

7) 한·일 특허권 및 실용신안권 상호보호협정은 어떻게 체결되었나요?

1973년 1월 25일 일본 도쿄에서 한국의 이호 주일대사와 일본의 오오히라 외무대신이 서명하면서 한 · 일국교정상화 이후 오랫동안 난항을 겪던 '한 · 일 특허권 및 실용신안권 상호보호협정'이 타결되었습니다. 협정은 1974년 1월 1일부터 발효되었습니다. 의장권에 대한 상호보호는 특허국과 1973년 10월 설립된 한국특허협회 등에서 활발히 거론했으나 협정 체결에는 이르지 못했습니다.

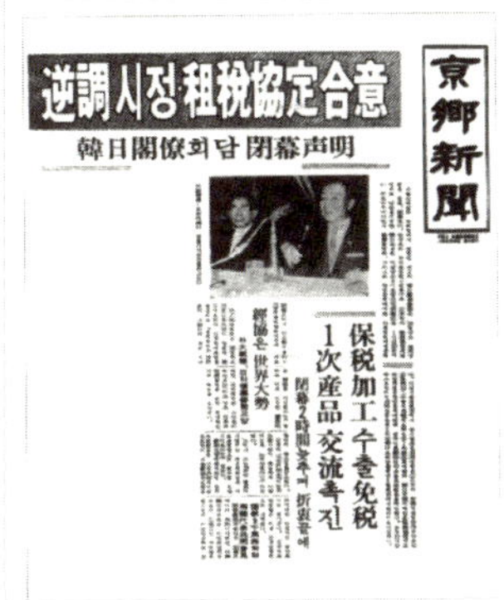

京鄕新聞

逆調시정·租稅協定合意

韓日閣僚회담 閉幕声明

保稅加工수출免稅

1次産品交流촉진

韓·日 상표협정

解說

동일권리서로 인정

類似상표해결이 큰문제

1968. 8
제2차 한일 각료 회담 공동성명 신문기사(경향신문)

–

1968.11
한일 상표권의 상호보호에 관한 협정 체결 신문 기사(매일경제)

각 개별 국가와의 공업소유권 보호에 관한 교류도 계속되었습니다. 이후에도 보호국가의 수가 많이 늘었지만 1980년 한국이 공업소유권 보호를 위한 파리협약에 가입한 후에는 개별 국가들과의 상호보호 확인 등은 그 중요성이 점차 낮아졌습니다.

한편 1973년의 '한 · 일 특허권 및 실용신안권 상호보호협정' 체결은 한국특허협회가 창립되는 계기가 되었습니다.

8) 공업소유권법 전문개정과 관련법 정비는 어떻게 했나요?

1970년대 초 우리나라는 자주기술의 개발은 물론 다가올 국제화시대, 자유경쟁시대에 대비한 산업기반의 구축이 요청되고 있었습니다. 이에 부응하기 위해서는 공업소유권제도의 확립을 통한 기술개발 촉진과 발명풍토 조성이 필요했습니다.

하지만 구법령 정비사업의 일환으로 1961년 제정된 특허법은 이 같은 사회경제적 여건에 비춰볼 때 여러 가지로 미비하고 불합리했습니다. 이에 따라 특허국은 이를 보완하는 한편 일본과의 공업소유권협정 체결을 앞두고 근대법 체제를 갖추기 위해 1973년에 특허법을 전문 개정했습니다.

정부의 한글 전용화시책에 따라 전문이 한글로 표기된 특허법 개정법률안은 1973년 2월 8일 법률 제2505호로 공포됐으며, 한·일 공업소유권 상호보호협정 발효일에 맞춰 1974년 1월 1일부터 시행되었습니다. 전문개정된 특허법은 한·일 공업소유권 상호보호협정 발효로 인해 야기될 수 있는 문제점에 대한 보완사항을 규정하기 위해 1973년 12월 31일 법률 제2658호로 일부 개정되었습니다.

특허법 조문의 대부분을 준용하고 있는 실용신안법, 의장법도 특허법 전문개정에 맞춰 1973년 2월 8일 법률 제2508호, 법률 제2507호로 각각 전문 개정되었습니다. 상표법 역시 이날 법률 제2506호로 전문 개정됐는데, 1949년 제정 이후 1958년, 1963년에 일부 개정됐으나 실정에 맞지 않는 점이 있을 뿐 아니라 법 체제 미비 및 조문 간의 불균형 등으로 법운용에 난점이 많았기 때문이었습니다.

1973년 2월 8일 법률 제2505호와 그해 12월 31일 법률 제2658호로 특허법이 개정됨에 따라 동법시행령과 시행규칙도 전문 개정

매일경제신문 1973年1月9日 (火曜日)

特許남발規制에 主眼

오늘의 産業

現制度론 産業發展 저해

3년내 實施않으면 權利 상실케

機構·豫算·人員대폭 補強해야

1973.1.9 전경련 건의, 공업소유권 관계법 개정 방향을 보도한 신문기사(매일경제)

되어 효과적인 시행을 도모했습니다. 개정된 특허법시행령은 제출서류 등의 효력발생 시기와 관련해 종전의 도달주의에서 우편물에 의한 발송의 경우에는 발신주의를 채택했으며, 심사관 · 심판관 · 항고심판관의 자격요건을 구체적으로 정해 심사 · 심판의 전문화 및 독립성을 꾀했습니다.

특허법 하위법령과 함께 실용신안법 · 의장법 및 상표법 등 공업소유권 4법의 하위법령 모두 전면 정비했습니다.

이처럼 1973년 특허법과 동법시행령 · 시행규칙이 개정되면서 1970년대 초까지 별도의 연수과정 없이 직무상 훈련을 통해 선임심사관 · 심판관의 지식과 경험을 전수받는 형태로 이뤄졌던 공업소유권 연수에 대한 법적근거도 비로소 마련되었습니다.

이에 따라 1975년부터 심사 · 심판관에 대한 공업소유권 법정연수가 시작될 수 있었습니다.

공업소유권법 전문개정과 관련법이 정비되면서 발명특허활동도 활발해졌습니다. 1973년 2만 5,854건이던 전체 출원건수는 1976년 2만 8,694건으로 증가했습니다. 제3차 경제개발 5개년계획(1972~1976년) 기간에는 7.6%의 연평균 증가율을 보였습니다.

특히 한 · 일 공업소유권협정이 발효된 1974년부터 외국인의 특허 · 실용신안 출원이 급증했습니다. 1970년대 초반 600~800건에 머물던 외국인의 특허 · 실용신안 출원이 1974년에는 4,378건으로 증가하면서 약 8%이던 점유율도 38.8%로 급증했습니다.

하지만 1972년 이후 매년 출원건수에 미치지 못하는 심사처리로 미처리건수가 증가했습니다. 1976년의 심사 미처리건수는 1973

년 2만 1,312건 대비 약 100% 증가한 4만 2,681건에 이르렀습니다. 심판(항고심판 포함)의 경우 1974년부터 청구건수가 증가함에 따라 1975년 이후 심판 미처리 건이 급증했습니다. 1976년 심판 미처리 건수는 1973년 405건 대비 약 197% 증가한 1,201건에 달했습니다.

이처럼 심사건수가 급증하자 특허국은 1969년 9월 제정된 '산업별 심사기준의 지침'을 기준으로 보다 세분화 · 구체화한 '산업부문별 심사기준'을 1970년부터 1979년에 걸쳐 총 64개 분야에 대해 제정했습니다.

1974년 1월에는 '의장심사기준'을 개정했으며, '상표심사기준'도 상표법 개정에 따라 1974년 1월에 일부 개정했습니다.

특허국은 또 직제 개편과 인력 증원을 통해 특허업무의 국제화와 직무발명 보상기능의 추가 등 업무량 확대에 대응해 나갔습니다.

특히 1973년 행정부 조직에는 이색적인 '부(部)'제를 도입했는데, 심사부, 심판부, 항고심판부, 관리부 등 업무의 분화와 심급의 독립성 요청은 1977년 특허국이 청으로 확대하는 계기가 되었습니다. (출처 : 한국발명진흥회 40년사)

제2장

누구나 발명가가 될 수 있나요?

1. 발명에도 성공비결이 있나요?
2. 우리나라 발명기법인 '발명의 10계명'이란 무엇인가요?

1

발명에도 성공비결이 있나요?

1) 발명이란 무엇인가요?

발명이란 무엇인가?

국어사전에서는 '전에 없던 것을 새로 생각해내거나 만들어내는 것'으로 정의하고 있습니다. 그러나 산업 현장에서는 '좀 더 아름답게, 좀 더 편리하게' 로 정의하고 있습니다. 실제로 좀 더 아름답게 하면 디자인 출원이 가능하고, 좀 더 편리하게 하면 특허 및 실용실안 출원이 가능하기 때문입니다.

그러면 사람들이 온갖 고난을 겪으면서도 발명을 하려는 이유는 무엇일까요? 문제가 있기 때문입니다. 우리 인간은 매일같이 크고 작은 문제에 부딪치며 살고 있습니다.

문제도 크게 구분하면 두 가지 종류가 있습니다. 하나는 생활 속에서 벌어지는 일이나 과정 등에 의해 그 날 그 시간에 해결해야 할 문제이고, 다른 하나는 굳이 문제를 만들어 풀어내는 문제입니다.

작게는 나 개인을 시작으로 가족과 이웃 그리고 사회 문제나 정치 · 경제문제처럼 당면한 과제가 있고, 무언가를 찾아내 더욱 편리하거나, 아름다움의 추구를 위한 본능의 욕구를 채우기 위해 발전적으로 나아가는 문제입니다.

인류의 역사는 발명의 역사라고 해도 좋을 것입니다.

좀 더 편해지고 싶고, 좀 더 아름다운 것을 갖고 싶은 자연스런 발상과 욕망이 오늘날의 문명사회를 이루어낸 것이 이를 입증합니다.

미국 듀퐁사의 가로자스 박사는 지금까지의 분자보다도 더 큰 분자를 찾아내고 싶다는 생각에서 폴리에스텔과 폴리아미드를 발명해 낼 수 있었습니다. 외부로부터의 요구나 자극이 없고, 내적 욕망이나 욕구가 없는 사람에게서는 아이디어가 나올 수 없습니다.

발명은 만들어진 문제 속에서 해결의 실마리를 찾아가는 과정에서만 이루어질 수 있는 결과이기 때문입니다.

지구 전체를 보더라도 문화는 주로 북반구에서 발달하였습니다. 남반구는 북반구에 비해 뒤떨어지고 있습니다. 그것은 남반구는 북반구에 비하여 문제에 부딪치는 기회가 적었기 때문입니다.

인간은 태어나면서부터 편안한 것을 좋아합니다. 그렇기 때문에 문제가 없고, 생각할 필요가 없다면 복잡하게 생각하지 않고 적당히 넘어가려 합니다. 그런 가운데서는 아무런 진보도 기대할 수 없을 것입니다.

발명이란 무언가 '하고 싶은 마음' 이 없이는 할 수 없습니다. 무엇이든 하고자 하는 마음이 없다면 설령 문제가 다가와도 보이지 않으며, 문제점이 주어져도 생각해 보기도 전에 불가능한 일이라고 단정 지어버립니다.

전형적인 샐러리맨 토마스 캐리한은 어느 날, 같은 사무실에서 근무하는 타이피스트가 내용이 똑같은 것을 두 번씩이나 치는 것을 보고 문제를 발견했습니다.

'똑같은 내용을 두 번씩 타이핑하는 것은 비생산적인 일이야.'

타이피스트는 편지의 내용물에 수신인의 주소와 이름을 타이핑하고, 또 봉투에도 똑같은 내용을 되풀이하고 있었지만 일을 시키는 상관도, 지시를 받은 타이피스트도 당연한 것처럼 생각하고 있었습니다. 그런데 오직 캐리한 만이 '개선해야 한다.'고 생각했습니다.

뾰족한 방법이 없어, 반복되는 일을 바라보며 답답해하던 캐리한이 어느 날, 손수건을 사러 갔다가 해결점을 찾아냈습니다. 손수건 포장지에 사각구멍이 뚫려있어 열어보지 않고도 손수건 색깔을 확인할 수 있었던 것입니다.

봉투 안에 셀로판을 붙여 내용물이 훤히 보이도록 한 '창 봉투'는 이렇게 해서 태어난 것입니다. 그의 발명품은 불과 한 시간 만에 태어났지만 세계적인 특허품이 되어 상업용으로 이용되고 있습니다.

아직도 대부분의 사람들이 곳곳에서 문제를 안고 있지만, 창의성은 가둬놓고 신이 주신 기막힌 두뇌 세포의 몇 십만 분의 일도 쓰지 못하고 생을 마감하는 것이 실로 안타까운 일이 아닐 수 없습니다. 진정 값지고, 보람 있는 인생설계를 위해, 나 자신과 가족과, 사회에 유익을 주는 발명으로 두뇌의 녹을 닦아냅시다.

2) 발명시대의 주역이 되어야 하나요?

발명의 시대인 21세기를 이끌 원동력은 과연 무엇일까요? 정치인의 뛰어난 정책? 아니면 세계적 석학의 경제논리? 물론 이것도 중요한 요소이긴 하나 진정한 미래를 이끌 원동력은 창조적 정신에 의해 창출된 아이디어와 발명, 바로 그것입니다.

현대 사회에 있어 발명의 힘은 한 국가의 힘을 상징하는 지표입니다. 전문가들은 원자 폭탄 투하로 잿더미로 변했던 일본이 경제대국으로 성장하게 된 것은 모두 들불처럼 일어난 발명의 힘 덕분이라고 분석합니다.

어린이부터 노인에 이르기까지 남녀노소가 셀 수 없을 정도로 쏟아낸 아이디어들은 남과 다른 상품을 만드는 데 기여했고, 이것을 무기로 일본이 세계시장을 파고들 수 있었으며, 급기야 경제대국으로 부상할 수 있었던 것입니다.

지구촌의 최대강국으로 세계질서를 좌지우지하는 미국 또한 실용주의를 바탕으로 한 국민정신에 에디슨과 같은 발명가들의 힘을 더해 오늘과 같은 경쟁력과 힘을 얻을 수 있었던 것입니다. 오늘의 미국을 이끄는 원동력도 아이디어와 발명입니다.

오죽했으면 한 국가의 경쟁력을 알려면 그 국가가 가진 특허권의 건수와 발명에 대한 국민의 인식을 살피라고 했을까요. 특허권의 건수는 국가의 기술력을 그대로 증명하는 가장 정확한 수치이고, 발명에 대한 국민의 인식은 발전 가능성을 예견할 수 있는 무엇보다 값진 자산이기 때문일 것입니다. 실제로 선 · 후진국의 구분을 특허권의 건수를 기준으로 한 것은 이미 오래전의 일입니다.

현대 사회에서 하나의 아이디어가 벌어들일 수 있는 돈은 일반의 상식을 뛰어넘을 정도로 큽니다. 이젠 제품의 크기나 규모는 그리 문제가 되지 않습니다. 인터페론 1그램의 가치가 수천 달러를 넘어선지가 벌써 몇 년 전의 일이고, 손톱크기만한 반도체 한 개가 자동차 한 대분의 몫을 충분히 하고도 남는 시대도 오래 전 일입니다. 아이디어와 발명 자체가 힘이 되고, 돈이 되는 세상인 것입니다.

오래 전부터 그 중요성이 새삼 강조되고 있는 소프트웨어 산업만을 보더라도, 이 사실을 보다 명확히 알 수 있습니다. 소프트웨어 산업은 누가 먼저 새로운 아이디어를 내느냐에 승부가 갈립니다. 적은 자본과 번뜩이는 아이디어가 결합된, 그야말로 황금 알을 낳는 거위인 것입니다.

아이디어 폭풍이 영향을 미치는 영역은 소프트웨어나 컴퓨터 같은 첨단산업뿐이 아닙니다. 가전제품은 하루가 다르게 새로운 기능을 장착한, 좀 더 편하고, 좀 더 아름답고, 좀 더 튼튼한 상품들이 쏟아져 나옵니다.

급기야 가장 변화가 더딘 1차 산업에도 어김없이 아이디어 경쟁은 이어집니다. 농장주는 자신의 이름과 연락처를 표기해 소비자에게 믿음을 주는 전략상의 아이디어를 이용하기도 하고, 유통 과정에서 보다 신선하게 보일 수 있도록 색다른 포장법을 개발하기도 합니다. 또 생산성을 향상시키기 위해 첨단 농업기술을 동원하기도 합니다. 아이디어 없이는 도태되고 마는 시대이기 때문입니다.

이제 남과 같아서는 무한경쟁에서 이길 수 없습니다. 좀 더 다른 것, 좀 더 새로운 것을 위해 아이디어를 개발합시다. 그 속에 보장된 우리의 내일이 있습니다.

3) 우선 자신감부터 가져야 하나요?

발명가가 되려면 우선 '나도 발명을 할 수 있다.'는 자신감부터 가져야 합니다. 발명의 성공은 생각하기에 달려있습니다.

일본사람들은 남녀노소 누구나 할 것 없이 자신을 '발명가'라고 생각하며 살았다고 합니다. 그리고 발명처럼 보람 있고, 유익한 것은 없다고 생각했답니다. 그래서 실제로 많은 국제적 발명품들이 일본 사람들에 의해 만들어졌습니다.

마쓰시다의 쌍소켓, 나가모리의 전등부착 드라이버, 식품업계의 혁명을 일으킨 안도의 라면, 소니의 워크맨 등 셀 수 없이 많습니다. 뿐만 아니라, 오늘날 급변하는 국제 경제 질서에서 일본의 경제가 차지하는 비중은 가히 절대적이라고 할 수 있는데, 그들은 일본에서 일류라고 인정받는 산업 기술이 세계에서도 일류라는 자신감으로 신개발에 혁신적이었습니다.

창조적인 사람과 그렇지 못한 사람을 구분하는 방법은 간단합니다. 창의력이 있는 사람은 사물을 긍정적으로 보고, 자기의 조그만 아이디어에도 주의력을 집중시켜 온 힘을 다 쏟습니다. 반면에 창의력이 없는 사람은 불평, 불만만을 늘어놓거나 화를 내기도 하고 금방 체념해버립니다.

우리 인간이 하루를 살아가려면 아침에 눈을 뜨고 일어나 다시 잠자리에 들기까지 보고 듣는 것 모두가 마음대로 안 되는 것이 수없이 많습니다.

'큰일인데. 이거 어떻게 하지?'
'이거 왜 이러지? 이 부분 좀 고칠 수 없나?'

일상생활에서 혹은 집안이나 집밖에서 '이렇게 했으면 좋겠는데…', '이건 이렇게 고치면 어떨까?'하고 생각합니다. 그런데 이때 '어떻게 하면 이런 욕망을 만족시킬 수 있을까?'하고 생각하게 되었다면 그는 이미 반은 발명가가 된 셈입니다.

초등학교를 졸업한 필립은 어렵사리 중학교에 진학했으나 워낙 가난하여 그나마 중퇴하고 교장선생님의 추천을 받아 전파상에서 일하게 되었습니다.

"필립, 그것도 못하니?"

그는 기술자에게 하루에도 몇 차례씩 얻어맞았지만, 꾸준하게 기술을 익혀나가며 성실한 견습공의 역할을 다해 기능공이 되었습니다. 그런데 고장 난 라디오를 수리하면서 고민에 빠졌습니다. 라디오에 박혀 있는 –자 나사못을 빼야 하는데, 어떤 것은 잦은 수리로 홈이 망가져버려 아무리 애를 써도 뺄 수가 없었습니다.

'이걸 어떻게 하지?'

필립의 머릿속은 온통 –자 나사못에 대한 생각으로 꽉 차있었고, 온종일 망가진 –자 나사못과 씨름하느라 시간을 허비했습니다.

그러던 어느 날, 그는 고장 난 라디오를 앞에 두고 난감해했습니다. –자 나사못이 그 홈마저 찾을 수 없을 정도로 마모되어 있었던 것입니다. 한동안 살피고 관찰하며 생각에 잠겨있던 필립은 망가진 –자 나사못 위에 가로로 새로운 홈을 팠습니다. 그 덕분에 나사못을 쉽게 뺄 수 있었고, 드라이버 역시 +자 드라이버로 만들어 사용하게 되었는데 이 발명으로 그는 갑부가 되었습니다.

언필칭, 발명은 우리 주변의 가장 가까운 곳에서부터, 생각하기에 따라 시작될 수 있습니다.

'어떻게 하면 좀 더 편리하게 할까?'

'어떻게 해야 효과적일까?'

이렇게 생각하고, 탐구하는 모험정신이야말로 훌륭한 발명가가 되는 지름길입니다. 모험정신이 강하고 창의력이 뛰어난 어린이는 같은 장난감을 주어도 다르게 사용하고, 생각지도 못한 기발한 방법으로 가지고 노는 것을 볼 수 있습니다.

블록 하나로도 자동차, 비행기, 망치, 물고기, 사람 그리고 도마나 밥상이 됩니다. 불평할 일이 있거든 주의 깊게 관찰하고, 유심히 살펴봅시다. 원인과 결과를 따지다 보면 방법이 나올 것입니다.

'왜 이렇게 되었지? 무엇이 문제일까? 더 좋은 방법은 없나?'

찾다 보면 기발한 착상이, 법칙을 깨뜨리고 유유히 모습을 드러낼 것입니다. 발명가가 되려면 우선 자신감을 갖고, 과감하게 도전합시다.

4) 사고방식을 바꾸어야 하나요?

아프리카 사람들에게 신발을 판매하기 위하여, 한 신발회사에서는 시장조사를 해보라며 두 청년을 파견했습니다.

A라는 청년은 논리적인 계산을 잘하고 똑똑한 사람이었고, 또 한 청년은 조금은 엉뚱하지만 창의력이 넘치는 P라는 사람이었습니다.

시장조사를 마친 두 청년에게서 얼마 후 각각 결과가 보고되었습니다. 논리적인 A의 보고서에는 '아프리카에 와 보니 신발을 신은 사람은 한 사람도 없고, 모두 맨발로 생활하는데 익숙해 있으며, 미개하여 앞으로도 신발을 신을 가망성은 전혀 보이지 않습니다.'라고 적혀있었습니다.

그런데 P의 보고서에는 '아프리카에는 한 사람도 신발을 신은 사람은 없으니, 신발을 팔 수 있는 시장이 무궁무진 합니다.' 라는 요지와 함께 '우선 500켤레만 보내주십시오.'라는 주문이 들어있었습니다.

회사에서는 신발 500켤레를 P에게 즉시 우송했고, P는 그 신발을 추장들에게 한 켤레씩 선물하며, 신어보라고 했습니다.

신발을 신어본 추장들은 맨발로 다닐 때보다 발이 훨씬 덜 아프고, 위험한 곳도 자유스럽게 다닐 수 있어 신발의 편리함을 알게 되었습니다. 그 결과 P의 말대로 무궁무진한 신발시장을 개척하게 되었던 예가 있습니다.

이 세상에는 두 가지 유형의 사람이 있습니다. 하나는 '할 수 있다'형이고, 또 하나는 '할 수 있을까'형입니다. '할 수 있다'고 믿는 사람과 '할 수 있을까' 의심하거나 할 수 없다는 부정적인 사람 사이에는 엄청난 차이가 있습니다. 망설이고 의심하는 동안 그 사람은 그만큼의 가능성과 기회를 잃기 때문입니다.

발명의 세계에서는 특히 이 사고 방식의 차이가 성패를 좌우하는 결정적 요인으로 작용할 때가 많습니다.

"나에게 그런 능력이 있을까? 발명이란 특별한 사람만 할 수 있는 특별한 행위가 아닐까?"

그렇게 자신을 스스로 무력하게 만들고, 발명은 남의 일쯤으로 여기는 사람에게 발전이란 있을 수 없습니다. 문제가 되는 것은 창의적 능력이 있느냐, 없느냐가 아니라 이를 끄집어내는 훈련과 노력인 것입니다.

아무리 흔한 돌멩이라도 관심이 없는 사람에겐 무용지물일 수밖에 없고, 관심이 있는 사람에게는 요긴하게 쓰이는 자료가 됩니다.

한 석유회사에서 심리학자를 초빙하여 창의적인 사원과 그렇지 못한 사원과의 차이를 밝혀냈는데, 창의적이라는 평가를 받은 사람의 경우 자기 자신을 창의적 능력이 있는 사람이라고 생각하고 있었고, 반대의 경우 자기 스스로에 대해 아주 나쁜 점수를 매기고 있었다고 합니다.

나이, 학력, 출신 등 커다란 차이가 없었음에도 불구하고 생각이 이렇게 다르다는 것은 바로 사고방식의 차이입니다.

창의적인 사람이 되는 일은 쉽고도 간단합니다. '안 된다', '할 수 없다' 는 등의 부정적인 사고방식을 '할 수 있다.' 라는 긍정적 사고방식으로 바꾸면 모든 것은 가능합니다. 그런 다음 자신만이 지니고 있는 독특한 창의력을 믿고, 매사를 주의 깊게 관찰하는 습관을 기른 다음, 법칙에 도전하며 모험을 망설이지 않는다면 놀랍도록 변한 자기 자신을 발견하게 될 것입니다.

5) 고정관념을 버려야 하나요?

고대 그리스의 철학자 헤라클레이토스는 이해할 수 없는 인물로 알려져 있습니다.

'닭이 먼저냐? 알이 먼저냐?'라는 애매하고 쓸모없는 생각에 골몰하는 사람쯤으로 인식되어 있었습니다. 그것을 증명하듯 지금까지 남아있는 그의 생각들은 모두 애매하기 짝이 없는 것들뿐입니다.

'같은 냇물에 두 번 발을 들여 놓을 수는 없다.'

'바닷물은 가장 깨끗하면서 가장 더럽다. 물고기에게는 마실 수 있어 생명의 원천이지만 인간에게는 마실 수 없어 파괴적이다.'

'오르막길과 내리막길은 하나이며 같은 길이다.'

'만일 모든 것이 연기가 된다면 코가 식별기관이 될 것이다.'

'지혜를 좋아하는 사람은 실로 많은 사물을 탐색하는 사람이어야 한다.'

우리는 이런 사고방식에 익숙하지 않습니다. 오랜 세월동안 애매한 것에 접근하지 않도록 배워왔기 때문입니다. 답안지를 채워 넣을 때도 확실한 것 하나만을 골라야 합니다. 가까운 답이라든가, 비슷한 답들은 과감히 버리도록 교육을 받아온 것입니다.

'바닷물은 가장 깨끗하면서 또한 가장 더럽다.'라는 전제에 눈살을 찌푸릴 사람들이 있습니다.

'깨끗하면서 더럽다니, 그런 애매한 말이 어디 있어!'

당장 깨끗한지 더러운지 양단간에 결말을 내라고 독촉할지도 모릅니다. 그들은 애매함이란 도피의 수단으로 이용되는 치사한 것에 불과하다고 생각하기 때문입니다. 그러나 아주 약간만 자신이 빠져 있는 고정관념에서 벗어난다면 이 애매한 전제가 확실한 논리를 바탕으로 태어난다는 것을 알 수 있을 것입니다.

'물고기는 마실 수 있어 생명의 원천이 되지만 인간은 마실 수 없기 때문에 파괴적인 것일 뿐이다.'

이 논리대로라면 바닷물은 당연히 깨끗함과 더러움을 동시에 갖는 양면적인 것이 됩니다. 이것은 인간의 입장에서 보는 바닷물에 대한 고정관념을 깸으로써 가능한 생각입니다.

고정관념을 깨트리면 시야는 단연코 넓어집니다. 헤라클레이토스처럼 사람의 다면적 특성을 한 눈에 볼 수 있게 되는 것입니다.

마차의 천막 덮개와 같이 무겁고 투박한 천으로 옷을 만들 수 없다는 것은 하나의 고정관념이었습니다. 여자가 바지를 입는다는 것은 19세기 전까지만 해도 상상도 못할 일이었습니다. 이런 상식들이 깨어지리라고 예상한 사람은 없었습니다.

여자는 영원히 치마를 입을 것이며, 천막은 천막으로 남으리라 생각했던 것입니다. 하지만 이런 생각은 무참히 깨어지고 말았습니다. 아니 깨어진 것으로 그치지 않고 더 나아가 새로운 발명품, 선도적인 패션으로 자리 잡기에 이른 것입니다.

천막으로 만든 청바지는 백년이 훨씬 넘도록 최정상의 의복으로 사랑받고, 여자가 바지를 입는 당연시 되어 버렸습니다. 이런 사실 앞에서 누가 감히 고정과념의 고수를 찬성할 수 있을까요?

이렇게 발명역사에서 찾을 수 있는 '깨어진 고정관념'에 대한 일화는 많은 공감을 일으킵니다. 많은 사람들이 관심을 가지고 귀를 기울입니다. 그러나 그뿐. 정작 자신은 고정관념에 젖어 빠져나오려 하지 않습니다. 소심하게 굴며 애매함에서 피하려고만 합니다.

실제로 많은 사람들이 고정관념에서 탈피할 능력을 갖고 있고, 그것을 알게 모르게 생활에서 실천하고 있습니다.

볼펜으로 종이에 구멍을 뚫어 사용한 적이 있는 사람, 가로로 줄이 쳐진 공책을 세워서 써본 일이 있는 사람, 도장에 인주대신 빨간 잉크를 발라서 찍은 경험이 있는 사람들이 모두 그런 경우입니다.

무의식적으로도 이렇게 수많은 일들이 일어나는데 스스로 노력을 하면 어떤 결과가 나올까요? 아마도 위대한 발명에 못지않은 성과를 이루어낼 수 있을 것입니다.

망설이지 말고 고정관념을 버립시다. 등에 잔뜩 짊어진 고정관념은 우리를 지치게 하고, 자꾸 주저앉게 할 것이 분명합니다. 무거운 짐을 벗고 가볍게, 자신 있게 발명의 세계로 다가갑시다.

6) 끝없이 아이디어로 승부해야 하나요?

막 머릿속에서 빠져나온 아이디어는 벌거벗은 어린아이와 같습니다. 옷을 입히고, 이름을 지어주고, 사랑으로 보살펴야 훌륭하게 자랄 수 있습니다.

어린아이에게 좋은 옷을 입히면 부유해 보이고, 더 예뻐지듯 아이디어도 좋은 디자인이 접목되면 그 가치가 훨씬 높아집니다.

이제 단순한 아이디어만으로 승부하는 시대는 지났습니다. 아이디어에 어떤 색을 덧칠하고 모양을 입히느냐에 따라 성패가 갈리기도 합니다. 색깔이야 개인의 취향 문제가 아니겠냐고 치부할런 지도 모르지만 색 사용에도 눈에 보이지 않는 법칙이 있습니다.

예를 들어 여름에는 화장품이건 옷이건 식품이건 모두 푸른색 계통을 씁니다. 시원한 느낌을 주기 때문입니다. 반대로 겨울철에는 따뜻한 색이 주를 이룹니다.

만약 여름철에 사용될 아이디어에 탁한 붉은색이나 어두운 밤색을 사용했다면 어떨까요? 아마도 답답함을 느낀 소비자로부터 외면당해서 기대이상의 효과를 얻지 못할 것입니다. 때문에 색 하나를 선택할 때도 매우 신중해야 합니다.

30여 년 전까지만 해도 가전제품은 보통 '백색가전'이라고 부를 정도로 흰색 일색이었습니다. 신뢰감을 줄 수 있는데다, 부피가 커 보이고, 어느 색이나, 어느 장소하고도 어울린다는 장점 때문입니다. 그러나 백색가전이라는 말은 언제부터인가 너무나 낯설어졌습니다. 취향에 맞게 각양각색의 가전제품들이 등장하기 시작했습니다. 소비자들은 자기 집의 인테리어에 맞춰 가전제품을 선택합니다. 가전제품도 컬러 풀 시대가 열린 것입니다.

여성용 스타킹도 처음에는 의례히 피부 빛이나 검은색이 주종을 이루었습니다. 그러나 여성들의 옷차림이 대담해지면서 다양한 색과 디자인의 제품들이 속속 등장하였습니다.

일본에서 '엽기 연필'로 대인기를 끌었던 상품도 디자인으로 승부한 경우입니다. 이 연필은 나무대신에 탄력성 좋은 신소재를 사용해 맘대로 구부러지는 게 특징입니다. 꽈배기처럼 배배 꼴 수도 있고, 동그랗게 말 수도 있습니다. 연필에 불과하지만 특이한 것을 좋아하는 사람과 관광객들에게 대인기였습니다.

워크맨으로 유명한 소니도 어려움을 디자인과 색으로 돌파했습니다. 소니는 한때 워크맨의 매출이 감소하자 워크맨 시장이 포화상태에 이르렀다며 사업의 축소를 심각하게 고려했습니다.

당시 젊은이라면 모두 워크맨을 한 두 개쯤 가지고 있었기 때문에 더 이상 팔 곳이 없다는 판단이었습니다. 그도 그럴 것이 음악을 듣는 워크맨은 한 개면 족해서 매출확대를 기대할 수 없었습니다. 그러나 소니는 '새로운 디자인, 수집하는 워크맨'이라는 색다른 캐치프레이를 달고 나왔습니다. 기존 제품의 절반 가격 수준인 저가 제품을 내놓으면서 다양한 색과 디자인을 가진 새로운 시리즈 전략에 나선 것입니다. 기능을 중심으로 한 두 가지 색을 가미한 제품 중심이었던 것과 판연히 다른 접근이었습니다.

빨주노초파남보의 7가지 무지개색은 물론, 기계 내부가 훤히 들여다보이는 투명 케이스, 호랑이 무늬, 기하학적 색을 덧칠한 케이스를 채용한 제품 등 다양한 디자인을 선보였습니다. 또한 각 무늬와 색깔마다 한정수량으로 만들어, 계속 다른 제품을 내놓았습니다. 상품에 희소가치를 불어넣은 것입니다. 소비자의 반응은 폭발적이었습니다. 가격도 부담 없고, 색다른 워크맨을 가질 수 있다는 장점 때문에 젊은이들이 앞 다퉈서 상품을 구입했습니다. 심지어는 시리즈를 전부 구입해 수집하는 마니아층이 생기기도 했습니다. 색다르고 독특한 것을 좋아하는 젊은 층의 욕구에 적중한 것입니다.

7) 기록으로 승부해야 하나요?

아이디어 상품으로 유명한 3M사의 경우 사원들에게 1인당 한 권의 아이디어 공책을 가지도록 장려하고 있다고 합니다. 업무도중에 떠오르는 생각을 흘려버리지 말고 아이디어 공책에 기록했다가 회의시간을 통해 공개하도록 한다는 것. 3M은 이 아이디어를 꼼꼼히 검토하여 신제품 개발에 활용하고 있습니다. 3M만의 다양한 상품이 모두 이 아이디어 공책에서 나온 것입니다. 심지어 회사의 경쟁력이 직원 공책의 더럽기에 비례한다는 말이 있을 정도입니다.

우리나라의 유명한 발명가는 잠자리에 들기 전에 머리맡에 늘 작은 수첩과 볼펜을 챙겨둔다고 합니다. 꿈에서 얻은 아이디어조차도 기록하겠다는 심산입니다. 일어나자마자 꿈에서 본 것들을 적다니 발명가들의 기록습관은 도저히 못 말릴 정도입니다.

우리가 레오나르도 다빈치의 천재성을 어디서 확인할 수 있었나요? 그가 남긴 수많은 발명메모를 통해서입니다. 천재성이 번뜩이는 그림과 아이디어로 가득 찬 그의 발명노트는 많은 발명가에게 영감을 주고 있습니다.

정보통신의 발전으로 이제 아이디어를 털끝까지 세세히 남길 수 있지 않은가요? 예전에는 그저 메모지의 기록에 의존할 수밖에 없지만 지금은 너무나 많은 기기들이 있습니다. 일일이 글자로 남기는 것이 어렵다면 그때그때 떠오른 생각을 녹음하는 것도 좋은 방법입니다. 특히 글은 생각을 남기는 도중에 어휘의 한계 때문에 그 내용이 다소 줄어들 수도 있고, 본래 생각과 다르게 기록될 수도 있습니다. 그러나 떠오른 생각을 바로바로 말로 읊어 둔다면 한 가지도 잃지 않고 고스란히 간직할 수 있습니다. 특히 녹음은 손을 쓸 수 없는 상황에서도 기록이 가능하므로 아주 쓸모 있습니다.

기업을 경영하는 CEO들이 회의내용을 녹음하는 습관을 가진 것도 우연이 아닙니다. 자칫 빠트릴 수 있는 안건을 재확인하는 것입니다. 이런 치밀함이 성공의 비결일 것입니다.

인기 가수 모씨는 운전 중에 떠오른 악상을 그대로 녹음기에 흥얼거려 뒀다가 작곡에 활용한다고 합니다. 갑자기 떠오른 악상은 쉽게 잊혀 지기 때문에 그 자리에서 바로 녹음해 둔다는 게 그의 설명입니다. 그가 오랫동안 좋은 가수이자 작곡가로 인기를 끌 수 있었던 것도 바로 기록하는 습관 때문이지 않을까요.

또 사진으로 남겨두는 것도 좋은 방법입니다. 어떤 형상이나 현상을 통해 아이디어를 얻었다면 글로 표현하는 것은 한계가 있기 마련입니다. 색을 표현하는 것도 언어에는 한계가 있습니다. 이럴 땐 사진으로 남기는 것이 가장 좋은 방법입니다. 능력 있는 디자이너들의 가방 안에 늘 작은 카메라가 있는 것은 우연이 아닙니다. 그들은 매력적인 패턴을 보면 습관적으로 카메라의 셔터를 누릅니다. 장소를 가리지 않는다고 합니다.

게다가 요즘에는 핸드폰이나 스마트폰으로도 촬영이 가능합니다. 작고 가벼운 디지털 카메라 제품이 시중에 많이 나와 있습니다. 그때그때 영상을 찍어서 컴퓨터에 저장해둔다면 언제든지 생생한 사진 자료를 볼 수 있습니다.

컴퓨터를 잘 이용하는 것도 좋은 방법입니다. 컴퓨터는 종이와 달리 아무리 시간이 흘러도 글자가 퇴색하거나 닳아 없어지지 않으므로 많은 정보를 잘 정리해두면 언제든지 원하는 자료를 몇 개의 단추로 쉽게 찾을 수 있으니 아주 요긴합니다.

그러나 기록은 이런 첨단기기가 없더라도 작은 수첩과 볼펜만 있어도 만사형통입니다. 사진이 필요하다면 간단하게 스케치도 하고, 아이디어의 끄나풀을 짐작할 수 있는 단어 몇 개라도 적어둔다면 그것으로 좋습니다. 그것만으로도 기억 저편으로 사라지는 아이디어를 다시 잡아올 수 있을 테니 말입니다.

다만 잊지 말아야 할 것은 메모를 다시 정리해두는 일을 잊어서는 안 된다는 것입니다. 기록하는 것만 중요시 여긴다면 말짱 헛일입니다. 수첩을 다시 뒤져서 자기가 가지고 있는 기록들을 수시로 음미해보고 필요한 것을 골라서 사용하는 습관을 지녀야 합니다. 물론 작은 종이쪽지 등에 급하게 남긴 메모는 다시 노트에 옮겨 분실하지 않도록 정리하는 것도 중요합니다.

8) 상상의 날개를 펴야 하나요?

착각은 자유이고 상한선이 없습니다. 상한선이 없기는 상상도 마찬가지입니다. 그렇다면 상상의 세계란 도대체 어떠한 세계를 말하는 것일까요? '만일'로 시작하는 모든 세계, 우리가 어렸던 시절에 즐겨가던 그 세계가 바로 상상의 세계인 것입니다.

'만일 우주에서 자유롭게 숨을 쉴 수 있다면?'
'만일 된장찌개에 사탕이나 초콜릿을 넣으면 어떨까?'

현실에서 나 자신을 묶던 수많은 사슬을 끊고 도달한 전혀 새로운 세계인 상상의 세계. 그곳에선 우주 공간에는 산소가 없다는 과학적 사실이나 된장찌개에 사탕이나 초콜릿을 넣으면 미친 사람 취급을 당한다는 관습의 속박도 없습니다. 오로지 상상자의 생각에 따라 여러 세계가 탄생되는 것입니다. 이것은 각자 개인이 머릿속에 그리는 새로운 세계의 도안이기도 합니다.

인간에게는 판사의 기질과 예술가의 기질이 공존한다고 합니다. 현실에 구애받지 않고 오감이 요구하는 데로 행동하며 사고하려는 예술가와 이성에 의지하며 계산적으로 판단을 하는 판사가 마치 천칭의 양쪽 접시처럼 놓여 있다는 것입니다.

만약 예술가의 무게가 무거워져 천칭의 한 쪽이 기울면 낙엽 깔린 오솔길에서 은행잎을 주우며 사색에 잠기고, 반대로 판사의 무게가 늘면 빗자루로 낙엽을 쓸어 퇴비를 만드는 생산적인 일에 골몰하게 됩니다. 바로 이 두 기질의 경중에 따라 인간의 성격이 형성되는 것입니다. 이러한 관점에서 본다면 발명가는 천칭의 두 접시가 평행 상태에 놓인 사람을 지칭하는 것일 겁니다.

우리는 흔히 발명가야말로 과학적이고 논리적이며 체계적인 사고의 소유자라 믿고 있습니다. 어느 면에서는 이런 선입견도 맞을 수 있습니다. 그러나 발명가들은 우리가 흔히 말하는 몽상가적인 기질 또한 충분히 있습니다. 그들은 가끔 말도 안 되는 일에 열정을 퍼부으며 오만가지 잡동사니에 신경을 쓰고 허무맹랑한 상상에 몰두하는 것입니다.

굿이어는 오랜 세월을 유화고무의 발명에 쏟아 붓고 있었습니다. 당시에 사용하던 생고무는 더운 날씨에선 녹아 늘어지며, 추운 날씨에선 딱딱하게 굳고 갈라져 이만저만 불편한 것이 아니었습니다. 그 불편함을 개선하기 위해 굿이어는 침식을 잊을 정도로 안간힘을 썼으나 해결책은 떠오르지 않았습니다. 이로 인해 그는 자신감을 잃었고 신체적으로도 점점 수척해졌습니다. 그러던 어느 날, 그는 아주 희한한 꿈을 꾸었습니다. 유황이 첨가된 생고무가 뜨거운 햇볕 아래에서 질 좋은 고무로 변하는 꿈이었습니다.

'이것은 어쩌면 신이 네게 주신 기회일지도 몰라.'

다른 사람이었으면 그냥 스쳐지나갈 꿈에 불과했지만 굿이어에게는 상상력을 자극하는 놓칠 수 없는 기회였습니다. 그는 꿈에서 본 대로 실험에 착수하였고, 그 결과 놀랍게도 고무유화법의 발명에 성공하였습니다. 아주 우연한 기회로 얻은 황금의 선물이었습니다.

만약 논리적인 상식아래 '꿈이란 믿을 것이 못돼'라고 생각했다면 굿이어가 얻은 결과는 정반대의 것이었을 것입니다.

'만약 하늘을 새처럼 날 수 있다면…'
'잉크가 마르지 않는 펜이 있다면…'

인간이 끊임없이 소망하던 것. '만약 이렇게 되었으면…'이라는 비현실적인 중얼거림도 굿이어의 꿈과 다를 바 없습니다. 새처럼 나는 비행기를 만들 수 있는 기술력, 펜촉의 뒤에 잉크를 담을 관을 끼울 수만 있다면, 그런 상상도 현실이 됩니다. 바로 그것을 가능케 하는 기술과 방법이 판사적 기질이 담당해야 할 부분인 것입니다. 반대로 기술과 방법만이 존재한다면 '무엇을 만들 것인가?'라는 목적이 빠져 버립니다. '새처럼 날자'라는 공상이 없다면 하늘을 날 '무엇'을 만들 수도 없습니다. 예술가가 심어놓은 씨앗을 판사가 거름과 물을 주며 길러내는 상황이라 할 것입니다. 그런데 우리는 이 사실은 잊고 너무나 판사적인 기질에만 매달리는 것은 아닐까요?

상상의 세계에 들어설 때야 비로소 인간은 자유로워질 수 있는 것입니다. 풍성하고 화려한 상상의 세계에 들어갈수록 인간의 미래는 보장받을 수 있을 것입니다. 우매한 단정으로 미래의 희망인 아이들에게서 상상력을 뺏는 일은 결코 없어야 할 것입니다.

좀 더 시야를 넓혀 예술적 가치관에 관심을 둡시다. 우리 마음속에 있는 판사가 외롭지 않도록 예술가를 같이 살도록 하고, 상한가 없는 상상에 도전해봅시다. 상상의 날개를 마음껏 펼쳐봅시다. 미래는 바로 그런 사람들을 위한 것입니다.

9) 때로는 어릿광대도 되어야 하나요?

인간은 집단을 떠나서는 살 수 없습니다. 간혹 로빈슨 크루소가 되길 바라는 사람들이 있긴 하지만, 그 상황이 영원하리라는 가정을 붙이면 당장 마음을 돌이킬 것입니다. 사나운 자연에 대항하기 위해 만들어진 집단이 이젠 인간의 피 속에 굳건히 자리를 잡아 당연한 것으로 변한 것입니다. 실제로 집단과 집단의식은 인간에게 많은 이로움을 줍니다. 생산과 배분을 효율적으로 만들고, 신체적 정신적 안전을 최대한으로 보장합니다. 이에 우리는 개성의 일정 부분을 대가로 지불하면서까지 집단을 영위하고, 집단의식에 순응하는 것입니다. 그러나 우리가 그토록 효율적이라 믿는 이 집단체제에도 맹점이 존재합니다. 바로 구성원의 사고방식이 획일화되고 있다는 것입니다.

자신의 행동양식을 관찰해봅시다. 자신의 생각이 옳다는 것을 알면서도 다수의 그릇된 판단에 동요하지는 않았나요? 아니면 아예 스스로의 판단은 하지 않은 채로 집단의 의향에 따라 행동하지는 않았나요? 대다수의 사람은 이 물음에 쉽게 부정하지 못할 것입니다.

실제로 많은 사람들이 집단적 사고방식에 의한 행동을 하고 있습니다. 때로는 의식적으로, 또 때로는 무의식적으로, 우리는 생각 없이 살아가고 있습니다. 횡단보도에 빨간 신호가 켜져 있어도 많은 사람이 한꺼번에 길을 건너기 시작하면 자신도 모르게 움직입니다. 모두가 움직이는데 혼자 멍하니 서있는 것이 옳지 않은 일이라도 되는 것처럼 행동합니다.

사람들이 모여 있는 곳에서는 항상 이런 집단사고의 위험이 도사리고 있습니다. 당면한 문제에 대해 독창적인 해결책을 찾으려는 노력보다 구성원의 합의를 끌어내는 데 더욱 관심을 쏟는 것입니다.

만약 열사람 중에 여덟 사람이 같은 의견을 가지고 있다면, 나머지 두 사람은 자신들의 의견을 개진하는 것조차 포기합니다. 또한 대부분이 같은 생각을 할 때는 그 문제에 대해 검토하려고 하지 않습니다. 어느 누구도 이의를 제기하지 않습니다. 많은 사람의 생각은 옳게 마련이라는 착각에 얽매어 있는 것입니다. 자신의 판단을 유보하고 맹목적으로 집단의 결정에 따르는 몰가치 한 행동들입니다.

이러한 환경 아래에서는 새로운 아이디어가 나타날 수 없습니다. 오히려 각 개인에게 내재되어있던 독창성마저 억제당할 우려가 있습니다.

집단적 사고는 독창적 사고를 필요로 하는 사람에겐 빠져 나오기 힘든 깊은 함정과 같은 것입니다. 언제 어떤 상황에서 빠져들지 모르며, 또 자신이 집단적 사고에 빠져 오류를 범하고 있다는 사실조차 깨닫지 못할 때가 많기 때문입니다. 그렇다면, 어떻게 해야 이 순응성의 위험에서 벗어날 수 있는 것일까요? 한 가지 방법은 어리석은 생각을 하는 것입니다.

어리석은 생각을 하는 것은 다른 말로 어릿광대의 방법이라 하는데, 중세 유럽에서 아첨하는 간신들로부터 왕후가 자신을 지키기 위해 썼던 방법으로 알려져 있습니다. 어릿광대는 논리에 맞지 않는 엉뚱한 행동을 함으로써 대중을 웃깁니다. 그와 마찬가지로 논리에 얽매이지 않는 상상력을 펼치는 것입니다. 때론 문제의 존재 자체를 부정하면서, 혹은 '이렇지 않을지도 모른다.'라는 가정 아래에서 우리는 상황을 재인식 할 수 있습니다.

또 어릿광대는 우리가 소중히 여기는 가정과 가치를 여지없이 뭉개버립니다. 그에게는 때론 원숭이의 손톱이 귀부인의 반지보다 귀하며, 고매한 철학보다는 한 마디 농담이 더 가치 있는 것일 수도 있습니다. 규칙 또한 그에게는 아무런 제약도 가할 수 없습니다. 식탁 위를 걸어 다니거나 꽃밭에 누워버리는 일 따위는 그의 일상 같은 것입니다.

창조력을 원하는 사람이라면 어릿광대의 이런 무질서한 가치관을 배우는 것도 도움이 될 것입니다. 가정을 뒤엎고 틀을 깨트리며, 평범함에 도전하는 것이야말로 발명 창조의 기본이기 때문입니다.

중세의 사람들은 하늘을 나는 시늉을 하는 어릿광대의 몸짓에 폭소를 터트렸습니다. 그들은 인간이란 영원히 땅에 발을 붙이고 살아야 하는 존재라고 생각했던 것입니다. 그러나 광대는 하늘은 날 수 있다는 어리석은 가정이 있었고, 그것은 마침내 실현되었습니다.

10) 수집광이 되어야 하나요?

아마추어 발명가들이 흔히 저지르는 실수 중의 하나가 순간적인 번뜩임이 발명의 전부라고 생각하는 것입니다. 발명사례의 대부분이 우연히 길을 가다가 힌트를 발견하거나 갑자기 번개를 맞은 것처럼 새로운 아이디어가 튀어나와 성공한 경우를 많이 다루기 때문에 빚어지는 착각인 것 같습니다. 물론 순간적인 번뜩임을 발명으로 승화시켜 성공을 거머쥔 사례는 많습니다. 때문에 발명이 매우 매력적이기도 합니다. 그러나 이것이 발명의 전부는 아닙니다. 오히려 많은 발명 사례는 오랜 시간동안 끈질기게 추적하고 싸운 끝에 얻은 결과들입니다.

많은 자료를 모으고 수백 번의 실패를 거듭해서 얻은 성공들. 때문에 발명역사가 밝게 빛나는 것입니다. 유명한 발명가 중에는 미련스러울 정도로 많은 재료를 모으고, 같은 일을 평생 동안 반복한 사람들도 많습니다. 어떤 이는 수집가보다 더 많은 물건을 모으고 실험을 반복했습니다.

이론의 여지가 없는 최고의 발명왕 에디슨. 그가 남긴 말 중에 가장 대중에 잘 알려진 말인 '천재는 1%의 영감과 99%의 노력으로 만들어 진다.'는 그냥 멋있게 보이려고 해본 말이 아닙니다. 그의 삶을 보면 그가 성공을 얻기 위해 얼마나 많은 노력을 기울였는지 놀라울 뿐입니다. 에디슨이 말하는 99%의 노력은 여러 가지로 해석할 수 있겠지만 어떤 면에서는 그의 광적인 재료 수집과 지겹게 반복되는 실험을 꼽을 수 있습니다. 그는 아마도 이렇게 말하려고 한 것은 아닐까요? '발명왕은 1%의 참신한 아이디어와 99%의 재료 수집으로 만들어진다.'라고.

에디슨이 전구를 발명한 사실은 아주 잘 알려져 있지만 그가 전구를 발명하기 위해서 한 일은 잘 알려져 있지 않습니다. 사실 그가 전구를 발명하면서 쏟아 부은 열정을 생각하면 그가 왜 발명왕으로 불리는 지를 실감할 수 있습니다.

에디슨이 전구를 발명하면서 가장 고충을 겪었던 것은 필라멘트의 소재를 찾는 일이었습니다. 필라멘트는 빛을 내는 가장 중요한 소재이기 때문에, 이 문제만 해결되면 발명의 70%는 성공한 것이나 마찬가지였습니다. 그가 적당한 필라멘트 재료를 찾기 위해 수집한 재료는 무려 1만종에 달합니다. 금속재료만도 6천종, 동물성 재료 2천종, 식물성 재료 2천종 등입니다. 이중에는 동물의 털, 새의 깃털, 대나무의 속살, 열대 지방에서만 자라는 희귀한 식물의 줄기까지 그야말로 없는 것이 없을 정도였습니다. 오죽하면 그의 실험실을 본 사람이 '박물관' 이라며 혀를 내둘렀을까요. 그는 이 재료들을 모두 일일이 실험을 해서 다른 재료와 비교하기를 반복했습니다. 적어도 1만 번의 실험을 한 것입니다. 누군가가 그에게 왜 그렇게 많은 재료를 시험하느냐고 물었을 때 그의 대답은 아주 간단했습니다.

"내가 찾지 못한 것 중에 더 좋은 재료가 있으면 어떡하지? 지금 쓰고 있는 재료가 어쩌면 100번째로 적합한 재료에 불과할지도 모르잖아. 최고의 재료를 찾지 못하면 의미가 없어."

그야말로 에디슨다운 대답입니다. 최고의 결과를 얻기 위해 1만 가지 재료를 모으고 1만 번의 실험을 하는 수고를 마다하지 않은 것입니다. 결국 그는 1만개의 재료 중에 가장 좋은 금속재료를 찾아냈고, 인류에게 전기불이라는 선물을 안겨 주었습니다.

식물 품종 개량의 아버지로 불리는 버어뱅크도 못 말리는 수집광이었습니다. 그가 오랜 시간동안 매달린 일은 새로운 식물 품종을 개발하는 것. 그는 많은 품종의 식물을 일일이 교배해 보다 좋은 품종을 만들려했습니다. 그가 이 작업에 동원한 식물 품종은 무려 80만5천종에 달합니다.

수많은 재료를 모으면 모을수록 성공에 다가갈 확률이 높습니다. 사금을 채취하려면 많은 모래를 걸러야 하는 것과 마찬가지입니다. 얼마나 많은 모래를 거르는 가에 채취하는 사금의 양이 달려 있습니다. 아이디어도 이와 마찬가지입니다. 많은 양의 재료를 수집할수록 좋은 아이디어가 나올 가능성이 높아집니다.

재료를 모읍시다. 수집광의 심정으로 가능한 많은 것들을 모읍시다. 이것이 발명가의 힘이자 경쟁력입니다.

11) 바보 같은 생각도 해야 하나요?

에디슨이 어렸을 때, 헛간에 앉아 달걀을 품고 있었던 이야기는 모르는 사람이 없을 정도로 유명한 일화입니다.

"애, 에디슨, 뭐하고 있니?"

"이렇게 달걀을 품고 있으면 병아리가 된다고 하셨잖아요? 그래서 지금 달걀을 품고 있는 중이에요."

초등학교 시절에 이 이야기를 읽을 때만 해도 모든 친구들, 선생님까지도 웃었습니다.

"암탉이 알을 품어야지, 어떻게 사람이 품어서 병아리를 깨나?" 하고, 바보라며 비웃으며 박장대소를 했습니다. 상식적으로는 그 당시만 해도 있을 수 없는 일이었기 때문입니다. 그런데 그로부터 많은 세월이 흐른 지금은 어떤가요? 암탉이 알을 품어 병아리를 깨는 이야기는 옛이야기가 되어버렸고, 병아리는 부화장에서 사람의 손에 의해 깨어나지요. 이렇듯 발명의 세계에서는 엉뚱하고, 바보 같은 생각들이 시발점이 되어 발명을 하게 합니다.

'왜 2 더하기 2는 4지?'

'우리 손으로 비가 오게 할 수는 없을까?'

'왜? 하기 싫은 덧셈 뺄셈을 해야 하지?'

'불은 왜 뜨겁지?'

때로는 자신이 지니고 있는 논리와 정답을 쉬게 하고, 바보 같은 생각을 하여 어떤 엉터리 같은 아이디어라도 착상해 낼 수 있는지 시도해 보면 어떨까요? 천재와 바보는 종이 한 장 차이라는 말이 있습니다. 어리석고 엉뚱한 생각과 행동이 뜻밖의 훌륭한 아이디어와 행동으로 연결될 수 있어서 천재와 바보로 불리는 것은 시간 차이일 수도 있습니다.

'우주선을 타고 우주여행을 하듯 캡슐을 타고 우리 인체 내를 여행하면 어떨까?'

얼마 전까지만 해도 이런 이야기를 하면 바보라고 놀림을 당했겠지만 지금은 가능하지 않을까요?

바보 같은 생각과 행동이 곧 천재적인 아이디어와 행동으로 바뀔 수 있습니다. 그렇다면 천재가 되기 위한 바보 노릇에는 어떤 것이 있을까요?

오래 전, 잘 나가는 가방 메이커 중에 젊은 여성들에게 인기가 있는 '쌈지'가 있었습니다.

'쌈지'의 사장이 성공을 하게 된 동기는 '남과 다르게'라는 점에 있었다고 합니다. 젊은 시절에도 패션, 하는 일 등 무엇이건 남과 같은 것은 배제하고, 남들이 볼 때는 엉뚱하고 괴짜 같은 그리고 청개구리처럼 행동했습니다.

예를 들면 의상도 윗도리는 양복을 입고 넥타이를 단정히 멘 정장 스타일이면 아랫도리는 청바지를 입고, 윗도리가 헐렁하면 바지는 정장으로 차려 입고… . 그러다보니 무엇이든 남과 다른 것을 찾게 되었고, '쌈지'라는 가방의 메이커에서 느낄 수 있듯이 남의 것을 모방하지 않고 독창적이며 순수한 아이디어 상품을 개발하다 보니 성공하게 되었다는 이야기입니다.

이처럼 천재를 지향하는 바보는 정상인이 잘하지 않는 엉뚱한 행동을 하기도 하고, 문제의 존재 그 자체를 부정하기도 합니다. 또 정상인이 이해할 수 없는 어처구니없는 말을 하기도 합니다.

바보는 엉터리 같은 것은 칭찬하고, 고귀한 것은 우습게보아 버리는 등 규칙을 얼버무려 버리기 일쑤입니다. 그러나 그렇게 할 때 바보는 우리가 가지고 있는 발명의 샘을 자극합니다. 황당한 아이디어는 졸고 있는 사람에게 찬물을 끼얹어 잠을 달아나게 하는 것처럼 규범에 얽매어 있는 사람에게 생각의 여지를 제공해 주는 것입니다.

'등잔 밑이 어둡다.'고 너무 쉬워서 혹은 너무 가까운 곳에 있는 답을 놓치고 있을 때, 바보는 이를 지적해주고 사실이라는 것에 대해 다시 생각해 보도록 합니다.

바보 같은 생각도 해봅시다. 이것이 발명가로 가는 지름길이 되기도 할 것입니다.

12) 휴식도 생산적으로 해야 하나요?

'문제가 풀리지 않는다.'

'아! 답답해.'

이럴 땐 화려한 외출을 시도해 보십시오. 마치 땅굴을 파는 사람처럼, 옆을 보거나, 뒤도 돌아보지 않고, 앞을 향해 한길로만 내딛는 발명가는 때로 보이지 않는 결실 앞에서 주저앉기 쉽습니다.

문제 속에 파묻혀 구겨진 종이처럼 나약한 의지를 탓하기 전에, 문제를 과감히 벗어나는 여유가 때로는 도움을 줄 수 있습니다.

많은 발명가들이 산책이나, 여행, 놀이 등이 우연한 기회를 통해 문제해결을 한 경우가 많습니다. 그들은 문제에서 떠나서 행하는 '놀이' 가 얼마나 효율적인가를 몸소 보여주고 있는 것입니다.

샌드위치 백작은 카드놀이를 좋아하여 놀이 중에 간편하게 먹을 수 있는 음식을 찾다가 빵과 야채, 고기를 합친 샌드위치라는 색다른 음식을 만들어냈습니다.

당구놀이에 쓰이는 비싼 상아공의 대용품을 찾는 노력이 플라스틱이라는 묵직한 발명품을 낳았습니다.

한 치과 의사는 골프 경기 중에 힌트를 얻어 나무로 만든 골프티를 고안해냈고, 던롭은 아이들의 축구놀이를 보다가 공기 타이어를 생각해냈습니다.

어디 그것뿐인가요. 14세의 한 어린 소년은 추운 겨울날 스케이트를 즐기다가 귀가 차가운 것을 막기 위해 귀마개를 만들어 백만장자가 되었습니다.

어린 소년을 아들로 둔 자동차 정비공은 아들의 공놀이를 돕다가 전 세계의 완구시장을 석권한 아이디어 상품을 만들어냈습니다. 이것들이 모두 놀이를 통해 얻어낸 아이디어요 발명품입니다.

놀이는 인간에게 정신적 자유로움을 가져다주고, 자신도 모르게 상식이나 한계의 틀을 벗어나 풍부한 발상의 세계로 뛰어들게 합니다. 그래서 Play란 단어에 '놀이', '유희'라는 뜻 말고도 '광선이 번쩍인다.'라는 또 다른 뜻이 담겨 있는 지도 모릅니다.

목표를 향해 전진하는 인간의 정신활동은 항상 팽팽하게 긴장되어 있는 활시위와 같습니다. 끊어질 듯 날카롭게 날이 서 있어서 위태롭게 보입니다. 게다가 새로운 아이디어를 향해 달리는 사람이라면 이런 정신적 긴장감은 더욱 심화될 것입니다.

오직 한 가지 생각만으로 가득 차 있어 터질듯 한 머리에 숨구멍을 터주면 더욱 신선한 아이디어가 봄날의 아지랑이처럼 피어오를 지도 모를 일입니다. 배낭, 혹은 낚시 도구, 아니면 라켓을 둘러메고 집밖으로 나서 보십시오.

13) 실수와 실패를 두려워하지 말아야 하나요?

실패는 성공을 낳는 모체입니다. 실패란 때로 엉뚱한 성공을 가져다주기도 하는 것이 발명의 세계입니다.

콘플레이크는 윌 켈로그라는 사람이 식당에서 과자를 굽다가 잘못하여 만들어낸 실패작이었지만 전 세계를 휩쓰는 대용식품이 되었습니다.

일본의 한 비누 제조 회사도 실패를 오히려 성공의 발판으로 삼았습니다. 비누원료를 지나치게 가열하는 바람에 막대한 양의 원료가 끓어 넘쳐 못쓰게 되어버렸습니다.

"이런 작은 기업에서 커다란 손해를 보게 되었으니, 이제 우린 쫓겨났다."

회사 안은 일대 소동이 벌어졌고, 직원들은 당황하여 우왕좌왕했습니다. 그런데 그 회사의 사장은 회사의 소동을 가라앉히고, 곧바로 쓸모없게 된 비누거품을 이용할 방도를 짜내었습니다.

"정말 우리에게 책임을 묻지 않는단 말이야?"

"글쎄, 그렇다니까"

그리고 사장은 '물에 뜨는 비누'라는 아이디어 상품을 발명하게 되었고, 회사는 시련에서 벗어나 새롭게 성장했습니다. 전화위복이 된 것입니다.

실패란 성공을 뒷받침하는 거름입니다. 에디슨은 전구 하나를 개발하는데 무려 1,800번의 실패를 경험했고, 자동차 왕 헨리 포드도 마흔 살 때 실패를 했었으며, 아인슈타인은 수학에 낙제한 일도 있었습니다.

실패를 두려워한다면 아무 일도 할 수 없습니다. 요하네스 케플러는 잘못된 전제를 통해서 혹성간의 인력이라는 개념에 도달할 수 있었고, 콜럼버스는 인도항로의 개발을 위해 항해에 나섰다가 배의 진로 방향을 잘못 잡아 신대륙에 도착했습니다.

애당초 정했던 목표에 크게 어긋나는 실패였지만, 그 결과는 인류의 역사를 바꾸었습니다. 그렇다고 실패가 뻔히 보이는 무모한 일을 추진하여 무너지는 삼풍백화점이나 성수대교처럼 만들라는 뜻은 아닙니다.

"틀리면 안 돼! 체면이 말이 아닐 텐데."

이렇게 강박관념에 사로잡히거나, 실패를 염려하여 위축되고 경직되어 안일한 자세로 안주할 것이 아니라, 좀 더 도전적이고 적극적이며 모험적인 사고방식으로 발명에 임하라는 것입니다.

설혹 실패하더라고 그 실패를 통해서 새로운 것을 얻을 수 있다면 굳이 성공을 못했다 하더라도 많은 도움을 얻을 수 있을 것입니다. 그리고 거기에서 얻는 기쁨은 말로 표현하기 어려울 만큼 대단하고 중요합니다.

실패를 긍정적으로 보느냐, 혹은 부정적으로 보느냐에 따라 영원한 실패도 될 수 있고, 성공의 지름길이 될 수도 있을 텐데 그것을 선택하는 사람은 바로 다름 아닌 자기 자신이 될 것입니다.

14) 한 문제에서도 여러 가지 답을 생각해야 하나요?

그동안 우리나라의 교육 제도는 하나의 정답만을 가르치는 데 주력해 왔습니다.

실제로 정답이 하나 밖에 없는 수학문제라면 그것이 통하겠지만 발명에서는 수학과 같지 않습니다. 발명에서는 아리송한 답이 따르기 마련이며, 그 답은 몇 개라도 존재합니다. 구하는 방법에 따라 나름대로의 타당성을 가진 답이 될 수 있기 때문입니다.

그런데 만일 답이 하나밖에 없다고 생각하고 답을 찾게 되면 여러 가지 방법으로 찾을 수 있는 답을 포기해버리는 결과를 초래하게 될 것입니다.

지퍼는 지트슨이라는 사람이 처음 만든 것입니다. 그는 외출할 때마다 몸을 숙여 일일이 구두끈을 매야 했던 번거로움이 싫어서 끈 대신 달기위해 지퍼를 고안하게 되었습니다.

지트슨의 지퍼는 시카고의 박람회에 출품되어 주목을 받았습니다. 구두끈을 매기가 너무나 귀찮아서 구두끈 대용으로 사용하기위해 발명했던 지퍼가 박람회에 출품되었을 때, 구경꾼 가운데 '워커'라는 육군 중령이 있었습니다.

그는 지퍼를 보자 곧바로 지트슨에게 달려가 그것을 사겠다고 했습니다. 지퍼를 대중적으로 실용화하면 큰돈을 벌 수 있겠다고 생각했기 때문입니다. 그러나 지퍼의 편리함을 대중화하기 위해서는 값을 싸게 해야 했고, 그러자면 지퍼를 자동으로 만들 수 있는 기계를 또 발명해야만 했습니다. 그것은 대단히 어려운 일이었습니다.

지퍼는 발명되었으나 지퍼를 만드는 기계가 발명되지 않아 지퍼는 무용지물이나 마찬가지였습니다. 워커는 지퍼 자동제조기를 발명하기까지 19년이라는 짧지 않은 시간을 소비해야만 했습니다. 그런데 이번에는 누구도 그의 기계를 거들떠보지 않았습니다. 결국 그는 지칠 대로 지쳐서 기계를 팔기로 했습니다.

"에잇, 손해를 봐도 어쩔 수 없어. 이젠 이 기계를 더 이상 보고 싶지도 않아. 빨리 팔아야겠어! 얼마나 많은 정성과 노력을 투자했는데…"

그러나 기계를 사겠다고 선뜻 나서는 사람도 없었습니다.

그러던 어느 날, 브루클린에 사는 어느 양복점 주인이 이 기계를 발견했습니다.

"이거 괜찮은데! 구두끈으로만 쓰기에는 정말 아까워. 어디 달리 쓸모가 없을까?"

양복점 주인은 워커를 찾아가 아주 싼 가격에 그것을 사들였습니다. 그리고는 기계를 앞에 놓고 궁리하기 시작했습니다.

'그렇지, 복대의 지갑주머니 어귀에 붙이면 아주 제격이겠어.'

양복점 주인의 생각은 적중했습니다. 결국 발명가가 손해를 보면서 팔아치운 것을 그 양복점 주인은 간단한 아이디어 하나를 더해 성공을 거두게 된 것입니다.

양복점 주인은 계속해서 아이디어를 냈습니다. 그것을 해군복에 붙여 군대에 팔기도 했습니다. 그 후, 굿 리치 회사는 이 지퍼를 점퍼에 붙여 상품화할 것을 생각해 냈습니다.

지퍼 달린 점퍼가 판매되기 시작하자 온 미국으로 지퍼가 불붙듯 퍼져 유행하기 시작했습니다. 덕분에 굿 리치 회사는 눈 깜짝할 사이에 유명해졌습니다.

애당초 구두끈 대용으로 발명되었던 지퍼가 오늘 날, 얼마나 많은 용도로 사용되는지 헤아리기가 힘들 정도입니다. 가방, 드레스, 트레이닝, 테니스 라켓가방, 성경책, 핸드백, 텐트, 의류, 신발 등에는 말할 것도 없고 이불 커버, 베개, 심지어 소품에 이르기까지 쓰이지 않는 곳이 없을 정도입니다.

지퍼는 '신발 끈 대용품'이라는 하나의 답에 얽매어 있었다면, 그것으로 끝이었을 것입니다. 그러나 지퍼는 여러 개의 답을 갖고 있었습니다.

아이디어는 음악에서의 음조와 비슷합니다. 음조는 다른 음조와 관련시켜 이해하지 않으면 안 되는 것과 마찬가지로, 아이디어 또한 다른 아이디어와 관련지어 보면 이해하기 쉽습니다.

아이디어는 어디에고 방치되어 있거나 숨어 있습니다. 문제는 그것을 어떻게 찾느냐에 있습니다. 그것을 찾아내는 사람이 바로 발명가가 되는 것입니다.

15) 창조를 위한 모방은 해도 되나요?

옛사람들은 '책 도둑'은 도둑이 아니라며 관대했습니다. 배우고자 하는 열망은 그 어느 것도 따라잡을 수 없는 최고의 미덕이라는 것이 조상들의 가르침이었습니다. 때문에 우리 조상들은 도둑질마저 배우기 위한 것이라면 용서받을 수 있다고 한 것입니다.

이것은 책 한권 구하기가 하늘의 별따기요, 가난한 사람들은 글을 배울 수 없었던 시대의 이야기이므로, 인터넷 접속만으로 원하는 정보를 손쉽게 구할 수 있는 지금엔 적용할 수 없습니다.

하지만, 새로운 것을 창출해야 하는 아이디어 사냥꾼은 '훔치기'에 있어선 특권을 부여받은 사람들과 같습니다. 남의 아이디어를 빌려서 보다 유용하고 멋진 상품을 만들 수 있다면, 그 또한 훌륭한 발명기술인 것입니다. 물론 남의 아이디어를 자기 것인 양 그대로 사용해도 좋다는 이야기는 아닙니다. 몰래 남의 아이디어를 훔쳐서 자기의 이익을 챙기는 것은 용서받을 수 없는 명백한 범죄행위입니다. 지식도 재산이기 때문에 제일 먼저 창안한 사람에게 양해를 구하거나, 사례를 주고 사용권을 얻어야 합니다.

그러나 특허권은 보장받을 수 있는 기간이 한정되어 있고, 이후에는 누구든지 기술을 사용할 수 있는 길이 열려있습니다. 모두 인류의 진보를 위한 것입니다. 때문에 남의 아이디어라도 현명하게 이용하면 뜻밖의 수확을 건질 수도 있습니다.

그렇다면 어떤 모방과 도둑질이 현명한 것일까요? 대답은 간단합니다. 모방하되 창조적 정신을 발휘하십시오. 창조적 모방은 남의 것을 자신의 것으로 재탄생 시키는 것을 의미합니다. 또 남의 아이디어에 새로운 생명을 불어넣는 것을 뜻합니다.

일본의 대중적인 식사 중의 하나인 돈가스 덮밥도 그 좋은 예입니다. 돈가스는 서양식 '포크 커틀렛(돼지고기 튀김)'을 모방한 음식입니다. 일본은 이 포크 커틀렛을 단순히 베끼는데 그치지 않고, 고유의 덮밥으로 재탄생시켰습니다. 뜨거운 밥 위에 잘 튀겨진 돈가스를 얹고, 육수와 계란 국물을 부어 먹는 돈가스 덮밥은 완전히 일본음식으로 자리 잡았습니다. 이 음식은 동서양의 맛을 한 번에 볼 수 있다는 특이함과 간편함 때문에 우리나라는 물론이고 서양에서도 인기를 끌고 있습니다. 일부 사람들은 일본의 이런 창조적 모방 정신이 경제대국을 만들었다고 말하기도 합니다.

이런 창조적 모방정신은 훌륭한 아이디어의 산실이기도 합니다. 라디오의 접이형 안테나를 그대로 모방해 만든 지시봉도 있습니다. 이 지시봉은 라디오에서 안테나만을 떼어 낸 것처럼 모양이 완전히 똑같지만 전혀 다른 용도로 인기를 끌었습니다. 접어 넣으면 크기도 작고 볼펜 같은 모양이기 때문에 휴대가 간편하지만 일단 끝을 끄집어내어 늘리면 여의봉처럼 하염없이 늘어나 지시봉으로는 안성맞춤이었습니다.

또 샤프연필의 모양을 그대로 흉내 낸 분필케이스나 지우개도 한동안 눈길을 끈 아이디어입니다. 얇은 막대 지우개를 샤프연필처럼 끼워서 사용하는 샤프지우개는 멋스러운 것을 좋아하는 여학생들에게 단연 인기였고, 분필케이스는 하루 종일 분필을 만지는 선생님 사이에서 대인기였습니다. 분필을 쉽게 빼고 넣을 수 있는 샤프의 특징을 그대로 모방했기 때문에 거둔 성과입니다.

유럽 최고봉 융프라우를 올라가는 케이블 기차도 마찬가지입니다. 시계의 톱니바퀴에서 힌트를 얻어, 가파른 산을 올라갈 수 있도록 만든 이 기차도 모방에서 얻은 창조물입니다.

모방도 어엿한 창조의 기술입니다. 남의 아이디어를 훔치는 사이에 나의 창조력은 자극을 받습니다. 썩은 나무 둥치에서 탐스럽고 아름다운 버섯이 피어나듯이, 낡고 구태의연한 아이디어에 새로운 감각을 불어넣고 생명력을 주는 것이 바로 모방인 것입니다.

다른 사람의 아이디어에 눈독을 들여 봅시다. 이용할만한 기술이나 모양은 없을까요? 단순한 베끼기를 뛰어넘어 새로운 아이디어를 창출한다는 느낌으로 사냥에 나서봅시다. 예기치 못했던 곳에서, 상상하지 못했던 힌트를 얻을 수 있습니다.

16) 보물을 알아보는 눈을 가져야 하나요?

아무리 아름다운 그림이나 천재성이 돋보이는 음악이라 할지라도 그 작품을 알아보는 사람이 없다면 말짱 헛일입니다.

역사는 가정을 하지 않는 것이라지만 만약 천재적인 화가 반 고흐의 작품을 눈여겨보고, 그에게 투자하는 사람이 있었다면 어떻게 됐을까요? 지친 삶에 절망한 나머지 광기어린 명작은 아닐지라도 그의 힘찬 필채가 살아있는 그만의 독특한 작품이 좀 더 많이 남았을지 모릅니다. 어쩌면 일찍 꺾여버린 그의 천재성이 다른 모습으로 꽃피웠을지도 모를 일이 아닐까요?

발명도 마찬가지입니다. 참신한 아이디어의 가치를 알아보고 과감히 투자하는 이들이 없었다면 수많은 발명품들은 그대로 사장되고 말았을 것입니다. 새로운 아이디어를 발굴하고, 획기적인 발명품을 만드는 일도 중요하지만, 이를 알아보고 상품화로 이끄는 능력도 못지않게 중요합니다. 타율이 좋은 타자는 그만큼 선구안이 좋듯이, 성공한 사람들은 '보물을 알아보는 눈'이 뛰어나게 마련입니다.

세계에서 가장 많이 팔린 상품이라는 코카콜라를 처음 세상에 선보인 칸도라도 이 '보물을 알아보는 눈'이 좋은 사람 중의 한사람이었습니다. 사실 칸도라는 코카콜라의 발명가가 아닙니다. 그저 우연한 기회에 정체모를 음료수를 맛보게 되었고, 그 맛에 반해 상품화에 나선 것입니다.

코카콜라와의 인연을 맺기 전까지 칸도라는 아주 평범한 인생을 살았습니다. 작은 약국을 경영해 큰 부자는 아니었지만 남부러울 게 없었습니다. 단란한 가정을 꾸리고 있었고, 마을에서도 존경받았습니다. 그저 평범한 삶이었습니다. 그런 그의 삶이 바뀐 것은 어느 날 밤 갑자기 낯선 손님이 방문하면서 부터였습니다.

낯선 손님은 칸도라에게 코카콜라 원액을 맛보이며, 그 제조 기술을 사줄 것을 요청했고, 칸도라는 자신의 전 재산에 맞먹는 금액에 그 제조 기술을 산 것입니다. 실패할 경우 칸도라는 파산할 것이 뻔했지만 주저하지 않았습니다. 이 사실을 알게 된 식구들과 친구들이 그를 설득하고 말려봤지만 소용이 없었습니다.

모든 사람들이 그를 미친 사람 취급했습니다. 그러나 얼마 지나지 않아 그의 예상은 그대로 맞아 떨어졌습니다. 그의 새로운 음료수는 젊은이를 끌어들이는 매력이 있었습니다. 소문은 꼬리를 물고 이어졌고, 그의 음료수는 폭발적인 인기를 끌기에 이르렀습니다.

이 음료수는 세계에서 가장 많이 팔린 히트상품으로 기록되기도 했습니다. 바로 지금의 코카콜라입니다.

칸도라가 이 음료수로 얼마나 많은 부를 거머쥐게 됐는지는 굳이 설명하지 않아도 짐작할 것입니다. 그는 보물을 식별할 수 있는 눈을 가졌기에 그런 성공을 얻을 수 있었습니다.

성공을 위해서 누구나 발명가가 될 필요는 없습니다. 오히려 보물의 가치를 알아보는 편이 더욱 성공의 길에 빨리 다가갈 수 있습니다.

주변에 번뜩이는 아이디어를 가진 사람들이 의외로 많습니다.

그 아이디어의 가능성을 객관적으로 평가하고, 상품화하는 최종 단계의 능력을 키운다면 당당히 성공한 자들의 대열에 낄 자격을 갖춘 것입니다.

지금도 어딘가에 찬란한 보물이 누군가가 알아보길 기다리고 있는지도 모릅니다. 그 보물을 찾아내, 세상에 소개하는 것이 바로 발명가의 몫입니다.

17) 실용적인 발명에 도전해야 하나요?

아이디어의 가치를 따지는 데 가장 기본은 실용성입니다. 아무리 그럴듯한 아이디어라고 해도 상품화로 이어지지 않는다면, 그것은 죽은 아이디어입니다. 이런 아이디어는 아무리 많아도 소용없습니다. 그러나 아쉽게도 아마추어 발명가 중에는 실용성을 간과하는 경우가 너무 많습니다. 이것은 자신의 아이디어가 최고라는 생각에 사로잡혀 아이디어의 가치를 객관적으로 평가하지 못한데서 오는 잘못입니다.

작은 아이디어로 큰돈을 벌수 있다는 것은, 그 아이디어가 아주 실용적이기 때문입니다. 하지만 아마추어는 이 점을 잊고, 아이디어면 모두 돈이 되는 것으로 착각합니다. 때문에 섣부르게 상품화에 뛰어들어 전 재산을 날리는 경우도 적지 않게 일어나는 것입니다.

소비자는 발명가가 생각하는 것보다 훨씬 까다롭습니다. 조금이라도 만족스럽지 않거나 가격이 합당하지 않다고 생각하면 지갑을 열지 않습니다. 때문에 아이디어를 상품화하기 위해서는 좀 더 신중해야 합니다. 편의성은 물론이고 상품의 가격도 저렴하거나 비싸지 않아야 히트 상품이 될 수 있습니다.

또 모양도 생각해야 합니다. 아무리 좋은 제품이라도 모양이 좋지 않으면 쉽게 인기를 끌 수 없습니다. 이 모든 것을 충분히 고려해야 좋은 상품이 될 수 있는 것입니다.

때문에 상품화를 추진하는 경우라면, 전문가와 상의하는 것이 바람직합니다. 아마추어 발명가들이 이 점을 잊고 있다는 사실을 기억해야 합니다.

한 중년의 남자는 자신의 생각을 기업들이 알아주지 않는다면서 대뜸 불평부터 했습니다.

"내 이야기를 듣더니 콧방귀를 뀌는 겁니다. 제 친구들은 전부 재미있는 아이디어라고 했다고요. 그런데 이 작자들은 '선생님 나중에 좋은 아이디어가 생기면 다시 연락 주십시오.'하면서 저를 밀어내더라 이 말입니다."

물론 그의 아이디어는 재미있는 것이었습니다. 그러나 상품으로 만들기에는 부족한 점이 많았습니다. 특히 우리 실정에는 그다지 어울리지 않았습니다. 그에게 여러 가지로 충고를 해줬으나 그는 쉽게 납득하지 않은 듯 했습니다. 그리고 결국은 얼마 후에 자기의 아이디어를 상품화하겠다며 기업을 차렸습니다.

안타깝지만 이런 경우에는 거의 대부분 실패의 길을 걷습니다. 자본력이 취약한 중소기업은 홍보력도 부족하고, 판매망도 거의 없기 때문에 처음에 시장을 개척하기가 매우 어렵습니다. 많은 중소기업이 생산만 하고 판매는 대기업에 의존하는 것도 이런 이유 때문입니다.

물론 좋은 상품이라면 입소문을 통해서 점점 인기를 끄는 경우도 있습니다. 그러나 이 경우에는 많은 시간이 필요합니다. 인지도가 어느 수준까지 올라가면 폭발적인 성장세를 기록하는데, 문제는 인지도를 일정수준까지 끌어올리는 게 쉽지 않다는 것입니다. 때문에 빚에 허덕이다가 패가망신해 가족들에게조차 버림받는 안타까운 경우도 생깁니다. 자기 손으로 아이디어를 상품화하겠다고 나선 아마추어 발명가도 결국은 이런 길을 걷고 말았습니다. 직장도 내팽개치고, 빚까지 얻은 것이 화근이었습니다.

아이디어를 만들 때는 충분히 상상력을 발휘하고, 말도 안 되는 공상을 해야 하지만 일단 상품화의 길에 들어서면 상식과 이성을 총동원해야 합니다. 이 두 가지를 혼동해서는 결코 성공할 수 없습니다. 충분히 생각하고 아무리 신중해도 부족하지 않습니다. 돌다리도 두드리는 심정으로 실용성을 다시 한 번 따져봅시다. 또한 자신이 소비자의 입장에서 객관적으로 생각하는 것도 잊지 말아야 합니다.

'잃는 것보다 얻는 것이 많은 발명을 하라.'

발명가를 꿈꾸는 사람이라면 절대로 잊어서는 안 되는 명언입니다.

18) 시대의 흐름을 타야 하나요?

고인 물은 썩기 마련입니다. 물은 계속 흘러가야 스스로 깨끗해지고, 제 안에 살아가는 생물들에게 산소를 공급할 수 있습니다. 흐르지 않는 물은 벌써 그 능력을 상실하고 죽은 것이나 다름없습니다. 변하지 않는 것이 도태되고 썩은 것도 이와 마찬가지 원리입니다.

하물며 일분일초가 다르게 변화하는 이 현대 사회에서 정체가 용납 받을 수 있겠습니까? 변화를 거부하고 시대에 등을 돌리는 사람은 스스로 자신을 퇴보시키고 있는 것이나 다름없습니다.

변화, 이 시대의 표상이자 발전의 지표입니다. 무엇을 만들든지, 무슨 일을 시작하든 변화를 따라잡지 못하면 뒤쳐집니다. 신세대를 위한 커피숍은 있어도 신세대를 위한 다방은 없는 법이니까요.

시대의 발전을 주도해온 발명의 경우에는 변화에 대한 민감성이 하나의 필수 요건처럼 자리 잡았습니다. 마치 리모컨에 반응하는 TV 수상기처럼 그때그때 시대의 변화에 따라 소재를 달리하고 기능을 바꿔온 것입니다.

이 시대의 젊은이들에게 묻는다면 현대의 발명과 과학의 요체는 단연 컴퓨터 정보 시스템입니다. 각종 하드웨어와 그를 위한 프로그램들 그리고 그 운용방식까지. 현대 교육을 받았다는 이 치고 이에 대한 지식이 없는 이가 드물고, 이에 대해 관심 없는 이가 없습니다. 마치 하나의 거대한 컴퓨터 왕국이라도 되는 듯 모든 것이 한 곳으로 집약되고 있는 것입니다. 지금은 컴퓨터에 관련된 분야가 가장 유망함은 두말할 필요도 없습니다.

그러나 삼 십여 년 전만해도 컴퓨터 관련 사업은 그저 앞으로 전망 좋은 미래 산업에 불과했습니다. 그 이전의 시대엔 자다가 봉창 두드리는 소리 정도의 취급을 받을 정도였고. 그때를 생각하면 지금의 이 소란은 우스울 정도입니다.

'컴퓨터 없이도 잘만 살았는데 갑자기 왜들 이 난리람. 컴맹이다 뭐다해서 바보 취급을 하다니.'

이런 불평도 지극히 당연한지도 모릅니다. 이전의 시대를 살던 이들에겐 컴퓨터 보다 전기가 더욱 친밀했기 때문입니다. 그 당시 주역들에게 묻는다면 그들의 대답은 '전기가 단연 으뜸이지요.'이었을 테고, 그 이전의 세대에게 물었다면 '증기가 단연 앞서가는 부분이지요.'라는 대답을 들었을 것입니다.

가치관과 주요 관심사가 또한 시대의 주역이 계속 바뀌어 왔음을 여실히 증명하고 있습니다. 따라서 이에 대응하여 발명의 소재도 변해왔음이 분명합니다. 증기의 시대에는 증기를 원동력으로 하는 기계들이 쏟아져 나왔고, 전기의 시대엔 전기제품이 하루가 다르게 새로운 옷을 입고 등장했습니다.

만약 변화를 감지 못하고 머뭇거리는 이가 있었다면 그는 결국 시장싸움에서 져 도태되었을 것입니다. 편한 전기의 시대에 증기제품을 쓰고자 하는 무분별한 이는 없을 테니까요.

아무리 노력을 해도 시간을 잡아두지 못하듯 변화의 흐름도 묶어두지 못합니다. 한 가지 해결책은 그저 변화에 따라 민감하게 대응하는 수밖에요. 계속 정보를 수집하고, 업계와 일반인들의 흐름을 유심히 관찰하며 앞을 내다보는 것이 최선입니다.

현대 사회를 이끄는 컴퓨터의 조류에 맞추어 활발히 진행 중인 작업은 홈뱅킹 구축 사업, 은행과 가정을 컴퓨터로 연결, 집에서 소소한 업무를 볼 수 있도록 하는 이 시스템은 실용화된 지 오래되었습니다. 이밖에도 전국이 전산망으로 거미줄같이 연결되어 환경정보라든가 시장가격정보 등 수많은 자료가 안방으로 전해집니다. 심지어 인터넷을 통해 해외의 최신정보도 그대로 개인에게 제공되고 있습니다.

미래 사회를 전망하는 데 있어 심심찮게 등장하는 학교와 회사 그리고 가정을 연결하는 시스템도 이루어졌습니다. 실제로 화상진료 체제나 원거리 교육 시스템도 가동되는 실정이니 제반 시설만 뒷받침된다면 금방이라도 현실화 될 수 있는 것입니다.

바로 이 제반 시설 마련이 우리가 담당해야할 부분입니다. 시대의 요구에 철저히 응하는 한편 개인의 목표에도 도달할 수 있는 지름길입니다.

발명은 시대의 산물입니다. 시대가 요구하는 바를 응축하고 현실화 시키는 작업이 바로 발명인 것입니다. 독불장군이 성공하기 힘들듯 시대의 흐름을 외면하는 아이디어는 생명을 얻을 수 없습니다. 이 진리만 잊지 않는다면 성공은 이미 자신의 손 안에 들어온 바와 같습니다.

19) 현장에서 찾아야 하나요?

보통 발명가라 하면 책상에 앉아서 계산을 하거나 시험관을 기울이고 어두운 방안에 틀어박혀 복잡한 기계들을 만지작거릴 것이라고 생각하지만 천만의 말씀입니다. 책상에 앉아서는 절대로 좋은 아이디어를 얻을 수 없습니다.

부지런히 현장을 돌아다녀야 합니다. 야구용품을 개발하고 싶다면 야구장에 가서 선수들이 뛰는 모습을 보고, 선수들과 만나서 직접 고충도 들어야 합니다. 또 획기적인 교통제어 시스템을 만들 계획이라면 복잡한 교통정체 지역을 부지런히 답사하는 것도 중요합니다. 현재 교통제어 시스템은 어떻게 운영되고 있는지 경찰청을 방문하고 교통선진국을 직접 찾아가 눈으로 보는 것도 좋은 방법입니다.

직접 느끼고 체험해야 문제점을 쉽게 파악할 수 있고 아이디어도 얻을 수 있습니다. 막연히 상상만으로 문제점을 파악하려고 해서는 완전히 엉뚱한 작품이 나옵니다.

TV의 발달로 우리는 웬만한 문화 체험은 모두 안방에서 해결할 수 있습니다. 맘만 먹으면 문화공연만을 전문적으로 보여주는 케이블 채널을 신청해서 하루 종일 연극이나 발레 그리고 콘서트 등을 싫증나게 즐길 수 있습니다. 그러나 이렇게 보는 공연이 의미가 있을까요? 물론 시간이 없을 때는 좁은 TV 화면이나마 좋은 공연을 보는 것이 좋은 경험일 것입니다.

그러나 아무리 뛰어난 촬영기술로 현장을 포착하고, 첨단 스테레오 기술로 음향을 전송한다고 해도 공연장에서 느끼는 감흥에는 미치지 못합니다. 아무리 능력 있는 카메라맨이 촬영을 한다고 해도 레미제라블의 그 유명한 바리게이트 장면을 십분의 일이라도 살릴 수 있을까요? 공연장 전체를 울려 퍼져 나오는 웅장한 사운드를 그대로 느낄 수 있을까요? 천만의 말씀입니다. 공연을 제대로 느끼기 위해서는 공연장을 직접 찾는 것이 가장 중요합니다.

발명도 마찬가지입니다. 아이디어를 얻기 위해서는 실제 상황에 부딪히는 것이 가장 좋은 방법입니다. 현장에서 많은 아이디어가 나오는 것도 바로 이런 이유 때문입니다. 만약 특별히 관심 있는 분야가 없다면 그저 목적 없이 돌아다니는 것도 좋은 방법입니다. 성공한 인사들이 한결같게 여행을 권하는 것도, 새로운 환경을 접하다보면

예기치 않은 아이디어를 얻을 뿐 아니라 활기를 충전할 수 있기 때문입니다.

새로운 것을 보면 그만큼 새로운 아이디어를 얻을 가능성이 많습니다. 그러나 책상 앞에 앉아서는 자신이 알고 있는 것밖에 응용할 것이 없습니다. 그만큼 아이디어의 폭이 줄어드는 것입니다. 다만, 여행이나 산책을 통해서 아이디어를 얻기 위해서는 그만큼 관찰력 있게, 또 새로운 시선으로 사물을 보는 것이 중요합니다. 아무 생각 없이 모든 사물을 스쳐지나가듯 평범한 관광객처럼 보고 즐기기만 한다면 말짱 헛일입니다.

오래전의 이야기로 가로수 정비에 사용되는 가지치기용 가위를 개발한 발명가는 길에서 우연히 아이디어를 얻게 되었습니다. 그가 아이디어를 길에서 주웠다고 하면 지나친 표현일까요? 좀 다른 예이지만 영원한 어린이의 친구인 미키마우스도 길에서 태어났습니다.

현장을 무시하고는 좋은 아이디어를 만들 수 없습니다. 작가들이 사실감 있는 작품을 쓰기 위해 일부러 시장 통에서 살거나 포장마차를 운영하는 것도 모두 현장을 있는 그대로 체험하고, 그 안에서 아이디어를 이끌어내기 위한 노력인 것입니다.

새로운 아이디어를 끊임없이 만들어내야 하는 발명가도 끊임없이 새로움을 찾아 돌아다녀야 합니다. 자리에 우두커니 앉아서는 원하는 성공을 찾을 수 없습니다. 감나무 아래에 앉아 감이 떨어지길 기다릴 것인가, 아니면 장대를 찾아 가지 끝에 걸린 감을 딸 것인가?

성공은 결코 제 발로 찾아오지 않는다는 사실을 명심해야 합니다. 자신의 발로 성공이 있는 곳, 아이디어가 있는 곳으로 부지런히 찾아다닙시다. 새로운 아이디어가 곳곳에 숨어 발명가의 눈길이 미치길 기다리고 있습니다.

20) 자연에서 배워야 하나요?

성공한 사람들에게는 그를 이끈 스승이 있기 마련입니다. 때로는 엄한 아버지가 삶의 스승이기도 하고, 또 자애로운 어머니의 가르침으로 위대한 학자가 탄생하기도 합니다. 어렵고 힘들 때 훌륭한 스승이 곁에 있다면 얼마나 힘이 될까요? 어려운 문제에 부딪혔을 때 조언해주는 스승이 있다면 그보다 좋은 것은 없습니다.

발명도 마찬가지입니다. 보통 발명은 혼자서 하는 싸움이라고 생각하는 경우가 많은데, 이는 잘못된 생각입니다. 어릴 때부터 창의적인 생각을 북돋아주는 부모님과 스승의 인도를 받은 사람은 확실히 성공에 보다 빠르게 다가갈 수 있습니다.

그렇다고 발명의 세계에서 스승이 따로 정해져 있는 것은 아닙니다. 무엇이든 누구든 스승이 될 수 있습니다. 어린이들은 우리를 상식과 편견의 틀에서 나오도록 도와주는 위대한 스승이고, 책은 우리에게 상상력을 불어넣어 주고 문제를 해결할 지식을 주는 훌륭한 동반자이자 스승입니다. 그리고 또 하나 그 깊이를 알 수 없는 자연은 우리에게 번뜩이는 영감을 주는 영원한 스승입니다.

발명가를 꿈꾸는 사람들이 자연을 스승으로 삼아야 하는 이유는 많습니다. 우선 자연이 가진 아름다운 색과 모양은 우리의 상상력을 자극합니다. 많은 예술가들이 장미를 그리고, 해바라기를 화폭 가득히 옮긴 것도 바로 이런 이유 때문입니다. 또 자연은 우리에게 수많은 영감을 불어넣어 줍니다. 인간의 많은 발명품은 자연을 흉내 내고 모방한데서 시작된 것입니다.

가난한 양치기 소년을 백만장자로 만든 철조망도, 장미의 가시덩굴에서 힌트를 얻지 않았다면 탄생하지 못했을 것입니다. 말썽쟁이 양들이 견고하게 만든 철사 울타리는 쉽게 뚫고 나가면서도 손질도 안한 장미울타리는 겁내는 모습을 보지 않았다면, 그리고 그 이유가 장미 줄기에 송송 맺힌 작은 가시들 때문이라는 사실을 깨닫지 못했다면, 죠셉은 그저 양치기에 머물렀을 것입니다. 그러나 그는 장미 가시를 스승 삼아 단조로운 울타리에 철사를 꼬아 붙여 인조 가시를 만들었고, 성공을 거머쥐었습니다.

일명 찍찍이로 불리는 매직테이프(파스너, fastener)도 자연이라는 스승에게서 배운 발명품입니다. 매직테이프는 한쪽은 갈고리 모양으로 다른 한 면은 걸림 고리 모양으로 되어있어, 살짝 눌러주기만 하면 고리끼리 걸리면서 고정할 수 있는 신기한 제품. 붙였다 떼었다 할 수도 있고, 사용도 간편해서 가방, 신발, 옷은 물론이고 우주복 등 첨단 제품에도 널리 쓰입니다.

조르즈 도메스트랄이 이 신기한 물건을 발명할 수 있었던 것은 남다른 호기심과 관찰력을 가지고 있었기 때문이기도 하지만 무엇보다 자연을 늘 가까이 했기 때문입니다. 조르즈는 유명한 사냥 광이기도 해서, 한 달에 두어 번씩은 사냥개와 함께 늘 산에 다녔다고 합니다. 그런 그에게 자연이 좀 더 특별한 존재가 된 것은 1935년 어느 가을날이었습니다. 언제나처럼 사냥에 나서 두어 시간을 돌아다닌 그의 몰골은 말이 아니었습니다.

'도대체 어떻게 생겼기에 이렇담!'

옷에 들러붙은 도꼬마리가 새삼 그의 호기심을 자극했습니다. 그는 내친김에 돋보기로 바지에 붙은 도꼬마리를 관찰했고, 재밌는 사실을 발견했습니다. 마치 낚시 바늘처럼 생긴 도꼬마리의 끝이 천의 울에 단단히 걸려 있었습니다. 하나의 가시가 일일이 천에 걸려있으니, 툭툭 터는 것만으로는 떨어지지 않는 것이 당연했습니다.

'이것 참 재밌게 생겼는걸. 그냥 넘길 일이 아니야. 이걸 잘 이용하면 흥미로운 작품이 탄생하겠어!'

그는 도꼬마리와 바지의 천 조직을 본 따서 한쪽은 갈고리 모양으로 한쪽은 걸림 고리 모양의 작은 가시가 잔뜩 붙은 테이프 조각을 만들었습니다. 두개의 테이프를 맞붙이면, 도꼬마리가 그랬던 것처럼 서로를 단단히 움켜쥘 것이라는 생각이었습니다. 물론 그의 생각은 적중했습니다. 두개의 천은 겹쳐서 바느질을 한 것처럼 단단히 달라붙었습니다. 그러나 힘을 주어 잡아당기면, 또 '드드득' 소리를 내면서 분리되었습니다. 바로 매직테이프가 탄생한 것입니다.

인간의 근대사를 만드는데 공헌한 최고의 발명품 종이도 사실은 채륜이 자연으로부터 배운 작품입니다.

어느 시인이 말했듯이 자연은 위대한 스승이자, 인간의 고향이기도 합니다. 자연에 숨겨진 비밀을 자신의 것으로 만들 때, 위대한 발명품과 아이디어가 탄생합니다. 자연을 벗 삼아 그 안에서 새로운 법칙과 질서를 배웁시다. 뜻하지 않은 행운을 만날지도 모릅니다.

21) 변화와 유행에 대응해야 하나요?

기업들이 신제품을 내놓을 때 가장 고려하는 것이 소비자들의 욕구 변화와 유행 그리고 시기입니다. 유행에 뒤쳐진 상품은 바로 외면당하기 마련입니다. 때문에 기업들은 시장조사와 제품에 대한 선호도 조사에 많은 시간과 비용을 투자합니다.

변화에 민감해야 하는 또 하나가 바로 발명입니다. 자칫 발명은 시기와 관계없이 참신한 아이디어라고 생각하기 쉬운데 이는 아주 심각한 착각입니다. 발명이야말로 유행과 변화에 민감한 분야로 얼마나 변화에 잘 적응하고 유행에 적합한 아이디어를 창출하느냐가 발명을 성공으로 이끄느냐 아니냐를 결정하는 잣대인 것입니다.

특히 한 발짝 앞서 유행을 내다볼 수만 있다면, 성공 행 기차의 탑승권을 손에 쥔 것이나 다름없습니다.

프로젝터 시장의 경우 30여 년 전만 하더라도 크고 비쌀수록 많이 팔렸습니다. 대부분 학교나 대강당 그리고 관공서가 주요 구입 층이었기 때문입니다. 학교는 넓은 곳에서 많은 학생들을 상대로 교육하기 때문에 당연히 크고 밝은 것을 필요로 할 수밖에 없었습니다. 관공서도 마찬가지였습니다. 한자리에 고정해서 사용하는 것이니 작은 것보다 크고 묵직한 것이 잘 팔릴 수밖에 없었습니다.

따라서 대부분의 프로젝터 생산업체들은 모두 비싸고 밝고 큰 제품 위주로 물건을 내놓았습니다. 1천만 원을 훌쩍 뛰어넘는 고가 제품들이 대부분이었습니다. 그러나 세월이 흐르면서 프로젝터 시장에도 서서히 변화의 바람이 불기 시작했습니다. 새로운 유행이 생겨난 것입니다.

가장 큰 변화는 벤처기업의 탄생입니다. 기술력만을 밑천으로 탄생한 기업들이 속속 생겨나면서 기업설명회라는 새로운 문화가

파생되었습니다. 자본력이 취약한 벤처기업들은 돈 많은 투자자나 대기업을 설득해서 기업자금을 만들어야 했는데, 이때 자신들이 가진 기술을 가능한 멋지게 설명하는 것이 필요했습니다. 특히 말만으로 설득하는 것보다 뭔가 확실한 제시해 믿음을 얻는 것이 중요하게 작용했습니다. 이때 컴퓨터와 연결해서 아무 곳에서나 작은 영화관을 만들 수 있는 프로젝터야말로 안성맞춤인 상품이었던 것입니다. 이 때문에 벤처기업인을 중심으로 서서히 프로젝터에 대한 관심이 일기 시작했습니다.

또한 가정에서도 서서히 변화가 감지되기 시작했습니다. 그동안 일반 가정은 프로젝터와 전혀 상관없는 곳이라고 치부됐으나 소득수준이 높아지면서 집에 오디오와 함께 영화관 시설을 갖추려는 계층이 늘어나기 시작했습니다. 이것은 프로젝터 업계에 엄청난 변화의 신호탄이었습니다.

새로운 시장은 기존의 무겁고 비싼 제품으로는 공략이 어렵기 때문입니다. 기업설명회는 장소가 정해진 것이 아니기 때문에 기회가 주어지면 이리저리 옮겨 다니면서 아무 곳에서나 홍보를 해야 했습니다. 당연히 무거운 제품보다 가볍고 작은 것이 유리했습니다. 게다가 주머니 사정이 얄팍한 벤처기업에게 1천 만 원이 넘는 제품이 버거울 수밖에 없었습니다.

가정용도 마찬가지입니다. 1천 만 원이 넘는 제품을 살 수 있는 경제력을 지닌 사람은 그야말로 몇 손가락에 꼽을 정도입니다. 당연히 가정에 많이 팔기 위해서는 TV처럼 값싼 제품이 필요했습니다.

작고 싼 제품을 본 소비자들이 큰 제품을 외면하기 시작한 것입니다. 그제 서야 심각성을 눈치 챈 업체들이 앞 다퉈 소형제품을 내놓기 시작했습니다.

유행을 무시하고는 성공할 수 없습니다. 유행을 빨리 알아차리기 위해서는 부단히 노력하는 수밖에 없습니다. 신문이나 잡지를 통해서 새로운 경향을 계속 감시하고, 부단히 새 소식에 귀 기울이는 일을 게을리 해서는 안 됩니다.

22) 우리 것에도 도전해야 하나요?

'우리 것이 좋은 것이여!'

명창 박동진 선생이 남긴 명언 중의 명언입니다. 또 오래전 조선시대 화가 장승업의 일대기를 그린 영화 '취화선'으로 칸영화제에서 감독상을 거머쥔 임권택 감독은 늘 '가장 한국적인 것이 가장 세계적'이라는 말을 입버릇처럼 되뇌었습니다.

전통적인 것을 현대화해 성공한 아이템 중에 가장 대표적인 것이 식품이고, 전통식품을 현대화해 성공한 가장 대표적인 사례가 비락식품이 출시한 식혜와 수정과입니다. 1993년 처음 출시된 식혜는 그야말로 선풍적인 인기를 끌었습니다. 한때 한국 시장에서 코카콜라를 앞질렀다는 평가를 받을 정도였습니다. 일개 중소 유제품 생산업체에 불과했던 비락식품을 굴지의 식품회사로 끌어올린 이 효자상품은 당시 전통을 현대화한다는 치밀한 기업전략이 빚은 성공사례입니다.

비락이 전통식품에 관심을 쏟기 시작한 것은 1989년 단팥죽을 출시하면서부터. 단팥죽으로 의외의 성공을 거둔 비락은 서서히 전통식품의 현대화에 관심을 기울이기 시작했습니다. 이런 관심이 절대적인 호기를 맞은 것은 당시 이른바 '신토불이' 바람이 분 것입니다. 이즈음에 비락의 신제품 개발부는 단팥죽에 이은 새로운 전통식품 개발에 주력하고 있었는데, 당시 가장 유력한 후보로 꼽은 것이 음료분야였다고 합니다. 커피나 콜라 같은 습관성 음료에 외산 음료가 판을 치고 있던 때라 제대로 된 국산 음료를 만들어보겠다는 기획 의도였습니다.

당시 비락이 신제품 개발에 원칙으로 내세운 것은 전통식품일 것, 신제품일 것, 시대의 흐름을 타는 상품일 것, 원료를 국내에서 손쉽게 조달할 수 있어야 할 것 등 4가지 조건이었습니다.

이 4가지 조건을 만족하면서 일반인이 가장 선호하는 음료로 꼽힌 것이 식혜와 수정과였습니다. 특히 이들 음료는 많은 사람이 좋아하면서도 만드는 방법이 까다로워 명절에나 맛볼 수 있는 귀한 음식에 속했습니다. 만약 슈퍼에서 손쉽게 사먹을 수 있다면 인기를 끌 것이라는 게 비락의 생각이었습니다. 생각은 적중했습니다. 그야말로 대박이 터진 것입니다.

비락의 성공은 국내 음료업계의 판도를 바꿔놓았습니다. 이른바 전통음료 바람이 세차게 불기 시작한 것입니다. 경쟁업체들이 앞 다투어 대추음료, 쌀 음료, 녹차 등 우리만의 독특한 음료수들이 속속 쏟아져 나왔습니다. 세계 어느 나라에서도 찾아볼 수 없는 우리만의 맛을 상품화해 성공한 것입니다.

또 90년대 말 국순당의 '백세주'가 전국적으로 판매되면서 그야말로 주류 시장은 전통주의 세상이 되었습니다. 생쌀을 이용한 국순당의 특허공법은 전통과 첨단의 조화라는 측면에서도 긍정적인 평가를 받았습니다.

백세주의 성공으로 그동안 변방시장에 머물렀던 전통주 시장이 활짝 열렸습니다. 낡은 서고에 잠자고 있던 전통주 기법이 현대화된 공장으로 넘어와 자동화 공정을 통해 대량 생산되었습니다. 젊은이에게 외면 받던 막걸리도 캔 포장으로 바뀌면서 해외까지 수출되는 쾌거를 거뒀습니다. 전통을 현대화함으로써 거둔 성과인 것입니다.

이밖에도 최고의 기내식을 제공하는 항공사에게 수여하는 머큐리 상을 수상한 대한항공의 기내식 비빔밥, 전통 한복을 현대식으로 개조한 개량 한복, 전통 재료를 사용한 고급 화장품, 한약재를 첨가한 어린이 영양제 등 무궁무진합니다.

이들의 성공은 가장 한국적인 것을 발굴해, 현대화한 데 있습니다. 이제 식품이 아닌 모든 분야에서 전통을 재료삼아 새로운 아이디어 발굴에 나서봅시다.

23) 장인기술도 기계화해야 하나요?

'호미와 낫을 기계로 만들어낸다?' 대장간이 사라짐과 동시에 전래의 농기구도 사라지는 줄 알았더니 오히려 기계로 대량 생산하는 시대가 열렸습니다. 이런 경우를 두고 제 2의 전성기니 전화위복이라고 하는 것인가요? 어찌됐든 반가운 일이 아닐 수 없습니다.

낫 놓고 ㄱ자도 모른다는 옛말이 있을 정도로 낫과 호미는 우리 민족과 뗄 라야 뗄 수 없는 사이였습니다. 꼴도 베고 벼도 베고, 나뭇가지도 치고, 그야말로 낫 한 자루만 있으면 만사형통이었습니다.

호미는 우리 밭농사에는 더할 나위 없는 필수품. 그 생김새가 아주 과학적으로 고안되어 있어 좁은 이랑의 밭을 매기에는 안성맞춤입니다. 때문에 낫과 호미를 만들어 내는 대장간은 항상 북적였습니다. 시뻘건 불이 활활 타오르는 용광로와 그 옆에서 잠시도 쉴 새 없이 풀무질을 하는 이들, 땀이 비 오듯 쏟아지는 대장장이의 품새는 지나는 이의 발걸음 잡기에 충분했습니다. 특히 불끈불끈 솟은 근육을 자랑하며 망치질을 할 땐 뜨거운 열기마저 잊는다고 합니다.

벌겋게 달아오른 쇠를 쉼 없이 두드리는 과정은 이 대장간에서 이루어지는 작업의 백미. 달구어서 두드리고 다시 달구는 작업의 반복 속에서 쇠는 비로소 강한 철로 변합니다. 적당량의 탄소가 들어가기 때문이라고 하는데 정말 특이하고 기발한 기법입니다.

이렇게 단련된 쇠는 장인의 손에서 연장의 모습을 갖추고 날을 세우게 됩니다. 그리고 연장의 날 부분을 물에 살짝 담가 더욱 강하게 만들면 모든 과정은 끝입니다. 오랜 시간이 걸린 끝에 제 구실을 하는 연장이 태어나는 것입니다. 이렇게 하나의 연장이 태어나는 과정이 복잡하다보니 이를 만드는 장인 기술을 숙달하는 것도 만만치 않았습니다.

진정한 대장장이로 구실을 하자면 적어도 10년 이상 기술을 닦아야 한다니 정말 장난스럽게 넘길 수 있는 수위가 아닙니다. 이러니 아무리 전통이 좋고 장인정신이 좋다한들 대장장이에 종사하겠다는 이들이 나올 리가 있겠습니까?

최신 컴퓨터도 속도가 느리다고 신제품이 등장하기를 바라는 세대에게 낫을 만들기 위해 10년을 배우라 하면 아무래도 무리가 아닐까 싶습니다. 하지만 또 낫이나 호미 등의 우리 전래의 연장과 농기구 들은 포기해 버리기엔 너무 쓸모가 많습니다. 성묘의 벌초 작업이나 기계가 들어가지 못하는 협소한 지역의 관리에 필수품인 동시에 휴대하거나 보관하기에 편해서 이 이상 가는 농기구가 없습니다.

그렇다면 이 이해의 충돌을 어떻게 해결할 수 있을까요? 해답은 단 한 가지, 필요한 물건을 만들어내면 됩니다. 아주 경제적인 방법을 택해서. 이 경우는 전통수호니 장인정신의 발로이니 하는 고리타분한 수식어는 없애도 좋습니다. 그저 필요하니까, 쓸모 있으니까, 장점을 최대한 살려 만들면 됩니다. 아주 간단하고 당연한 결론입니다.

호미와 낫의 제조공정의 비밀은 앞서도 말했지만 달구고 두드리는 과정에서 형성되는 강한 철. 이 문제는 복합강재를 사용함으로써 해결되는 문제이므로 나머지는 지극히 간단합니다. 기계를 이용하여 적당한 각도로 굽혀 날의 등 부분에 통을 형성하고 열처리를 하면 일단 반은 완성된 셈입니다. 마지막으로 날을 세우는 과정을 수작업으로 해서 품질의 완성도를 높이면 훌륭한 연장이 탄생됩니다. 이 경우 하루에 생산 할 수 있는 완제품의 수는 수백 수천 개. 이것은 대장장이 귀신이 무덤에서 벌떡 일어날 만큼 엄청난 양으로 일류 대장장이가 평생 밤낮을 매달려 만드는 양과 맞먹습니다.

그뿐인가요? 힘들게 풀무질을 할 필요도 없고 팔이 떨어져라 망치를 휘두를 필요도 없습니다. 대장장이의 트레이드마크와 같았던 근육질도 필요 없습니다. 붕어빵 만들듯이 호미와 낫이 튀어나옵니다. 이런 식으로 생산 된다면 가위와 칼 사듯이 슈퍼에서 낫과 호미를 살 수 있을 런지도 모릅니다.

전래되어온 장인 기술이 사장화의 위기에 처한 것은 그 기술이 쓸모없어서 라기보다는 채산성의 문제에 그 원인이 있습니다. 호미와 낫의 경우처럼 제조공정이 까다롭기 때문에 대량생산이 불가능하여 돈벌이가 안 된다는 것입니다. 이 때문에 기술의 전수는 고사하고 전래의 기구들이 박물관의 전시실에서나 볼 수 있는 희귀품으로 전략하고 말았습니다.

그러나 기계화는 이 문제점을 깨끗이 해결할 수 있습니다. 사람이 일일이 손으로 작업하는 공정을 기계에게 맡김으로써 인력과 시간을 동시에 절약할 수 있는 것입니다. 대량생산은 물론이고 규격화된 제품을 만들 수도 있습니다. 또한 전통문화를 보전하자는 높은 목소리에 실천적으로 동참하는 길도 됩니다. 청소하고 돈 줍고, 미팅하고 점심 해결하고, 도랑 치고 가재 잡는 일석이조의 멋진 상품. TV의 특별 방송을 통해서 보는 것 같은 대장간의 낭만은 없다 해도 이 정도면 꽤 쓸 만한 아이디어가 아닐까요?

또 다른 세계에의 도전. 기계와 인간의 협력, 현대와 전통의 조화라는 거창한 제목이 어울릴만한 새로운 분야, 장인기술의 기계화가 그것입니다.

24) 실버시장에도 도전해야 하나요?

우리나라도 UN이 정한 고령화 사회에 접어든지 오래입니다. 때문에 사회학자들은 앞으로 노인인구가 급격히 증가함에 따라 사회 전반에 중요한 변화가 일 것이라고 예고합니다. 노인 실업도 중요한 사회문제로 등장할 것이고, 사회복지도 중요한 관심거리가 될 것이라는 예고입니다. 따라서 변화에 유연하게 대처할 수 있는 다양한 대책 마련에 나서야 한다고 경고하고 있습니다.

새로운 가치를 창출할 의무가 있는 발명가도 마찬가지로 사회 변화의 요구에 준비해야 합니다. 고령화 사회에는 그에 걸 맞는 다양한 아이디어 상품이 나와야 합니다. 노인의 인구가 많아지는 만큼, 그들을 위한 상품들이 많이 필요한 것입니다.

발명가의 눈으로 보면, 이 고령화 현상도 도전해 볼만한 가치가 있는 중요한 분야인 셈입니다. 고령화 사회가 우리보다 일찍 다가온 이웃나라 일본의 경우, 오래전 노인을 주 대상으로 한 '실버산업'이 이미 형성되었습니다. 노인전용 건강 상품 가게는 물론이고, 전문 요양원, 전문 관광 상품 등 다양한 산업이 잘 발달되어 있습니다.

이 같은 움직임은 직장에서 은퇴한 60대 노년층이 늘어나면서, 자연스럽게 생겼다고 합니다. 정년퇴임한 노년층은 아직 신체 건강하고, 모아둔 여유자금으로 소비력을 갖췄기 때문에 중요한 소비층으로 등장했다는 것. 이에 기업들이 앞 다퉈 노년층을 위한 상품들을 만들어냈고, 이것이 '실버산업'이라는 새로운 산업으로 자리 잡게 된 것입니다.

우리나라도 서서히 실버계층이 형성되는 조짐이 보입니다. 이런 때에 한발 앞서 나간다면 남보다 성공에 먼저 닿을 수 있습니다. 실버산업의 가장 중요한 점은 철저히 노년층을 대상으로 해야 합니다. 따라서 아이디어를 창출하기에 앞서, 먼저 실버 계층의 특징을 이해하는 것이 우선 되어야 합니다.

정신적, 신체적, 사회적, 경제적 조건들을 철저히 분석하고, 이에 알맞은 제품 아이디어를 만들어내야 하는 것입니다. 그러기 위해서는 노년층의 고충을 먼저 이해하는 것이 중요합니다. 우선 가까이에서 노인의 움직임과 불편한 부분들을 관찰하고 소소한 자료를 수집하는 것이 좋습니다. 특히 그들의 생각과 의견을 직접 들어야 합니다. 어림짐작으로 만들어진 상품으로는 그들의 마음을 움직일 수 없습니다.

노년층은 우선 신체의 활동 반경이나 생리작용 등이 젊은 사람과는 판이하게 다릅니다. 또 좋아하는 색이나 취향도 전혀 다릅니다. 특히 매우 감정적으로 어린아이처럼 약하고 감성적입니다. 때문에 그들만의 제품이 필요합니다.

이미 많은 기업들이 이 실버산업에 눈독을 들이고, 새로운 제품들을 개발해냈습니다. 한 중소업체가 만든 성인용 기저귀가 그것.

여성이 나이가 들면 소변이 새어나오는 요실금으로 애를 먹는다고 합니다. 아이를 낳으면서 방광의 힘을 지탱하는 괄약근이 상처를 받아, 나이가 들면 소변이 새는 것입니다. 그동안 알려지지 않았지만, 실은 많은 여성이 이 같은 불편함 때문에 제대로 외출도 못하고 전전긍긍하는 경우가 꽤 많았습니다. '어른 체면에 소변을 지린다고 어떻게 하소연해. 나는 창피해서 못해.'라며 숨기기에 급급했던 것입니다. 자녀들에게 혹시 들킬까봐 몰래 속옷을 빨거나, 의료용품 전문점에서 환자용 기저귀를 사다가 사용하는 것이 고작이었습니다. 그러나 노년층의 목소리가 커지면서 달라졌습니다.

요실금 문제가 서서히 표면화되면서 각종 치료기구가 출시되었습니다. H사는 괄약근 운동을 도와주는 운동보조기구를 선보여, 좋은 반응을 얻었습니다. 또 Y사는 성인을 위한 팬티 형 기저귀를 개발해 선보였습니다. 또한 중매전문 업체인 D사는 실버계층만으로 위한 만남의 상품을 만들었습니다. 실버 계층만을 위한 전문 의상도 좋은 아이템입니다. 자식과 떨어져 혼자 사는 독거노인이 많은 만큼, 만약을 대비한 비상 의료기기도 필수품입니다.

실버산업을 겨냥해봅시다. 무궁무진한 아이디어들이 발굴되지 않은 채 남아있습니다. 발명가가 도전해야할 또 하나의 시장입니다.

25) 레저상품에도 도전해야 하나요?

생활수준이 급격히 향상되고, 주 5일 근무제가 정착된 후 가장 성장한 산업은 뭐니 뭐니 해도 레저산업입니다. 여유시간이 늘어나게 되면, 그동안 시간에 쫓겨 미뤄졌던 취미생활이 활기를 띨 것이고, 이와 함께 관련용품의 수요가 늘어날게 불 보듯 뻔합니다. 따라서 이 분야의 아이디어를 발굴하면 히트 상품이 될 가능성이 높습니다. 사실 레저산업의 확대를 예고하는 징후는 오래 전부터 여기저기에서 나타났습니다.

가장 대표적인 것이 자동차 분야. 승용차와 버스 형 승합차가 주를 이루던 시장에 승용차형 승합차 내지는 승합차형 승용차라는 새로운 상품이 인기를 끌기 시작한 것입니다. 이른바 레저용 '밴'으로 불리는 차종이 그것입니다.

발명 초보자라면 이런 레저용 자동차에서 사용하는 작은 소품들에 눈길을 돌려보는 것도 재미난 일입니다. 이미 여러 가지 아이디어 상품이 나와서 사랑받고 있습니다. 자동차의 에어컨과 연결해 사용하는 작은 냉장고, 유리창으로 쏟아지는 햇볕을 가리는 차양, 음료수나 과자를 보관하는 작은 창고, 졸음을 쫓아 주는 상쾌한 향, 운전자의 목을 받쳐주는 목 쿠션, 안전벨트의 조임을 해소해주는 완충 쿠션, 차안에서 가볍게 세면할 수 있는 물수건, 야간 운전 시 눈부심을 방지하는 무 반사 필름, 자동차 배터리를 이용해 가열할 수 있는 전기밥솥과 전등 등. 좀 더 상상력을 발휘한다면 이외에도 여러 가지 아이디어 제품들이 나올 것입니다.

이밖에도 레저산업에 대한 기대감이 몰아치면서 기업들은 발 빠른 행보에 나섰습니다. 가장 활기를 띠고 있는 것은 레포츠용품 부문. 낚시업계와 등산용품 전문 업체들은 희색이 만연합니다. 낚시라고 하면 그저 긴 나무 막대에 낚시 바늘을 꿰어 물에 드리우면 끝나는 것으로 생각하지만, 실은 다양한 아이디어로 무장한 첨단 분야입니다. 낚싯대의 재료를 카보나이트로 바꿔 톡톡한 재미를 본 전문업체가 있는가 하면, 진짜보다 더 진짜 같은 인조 미끼로 인기를 끈 발명가도 있습니다.

등산용품도 마찬가지입니다. 70년대의 알코올버너를 휴대용 가스버너로 교체한 것도 한 발명가의 아이디어가 있었기 때문입니다. 현대식 돔형 텐트나 바위나 산을 쉽게 오를 수 있도록 만든 등산화, 언제어디서나 침대와 같은 쿠션을 즐길 수 있는 공기 침대도 발명가의 노력 덕분입니다.

또 도심에서 여가를 즐길 수 있는 아이디어 상품도 고려해볼만 합니다. 늘 자연을 찾아 떠날 수는 없는 노릇이니, 도심에서 여가를 즐길 수 있는 간단한 레저용품을 찾는 사람도 늘어날 것이기 때문입니다. 이를 위해서는 이미 레포츠가 발달한 다른 나라의 예를 적용하는 것도 좋은 방법입니다. 미국이나 유럽에서 인기 있는 아이디어 상품을 우리 것으로 변형해 소개하는 것을 시작으로, 영역을 넓힐 수도 있습니다.

아주 소소한 아이디어 상품도 생각해볼 수 있습니다. 아이디어 상품의 천국인 일본에서는 해외여행객이 급격하게 늘어나자, 이들을 겨냥한 상품들이 쏟아져 나왔습니다. 눈에 띠는 아이디어 상품 중 하나는 기내에서 신는 덧버선 형 신발. 장시간 비행여행 중에는 신발을 벗는 것이 훨씬 편하다는 점에 착안한 아이디어 상품입니다.

비행기에서 사용하는 아이디어 상품은 또 있습니다. 목을 지지

하는 전용 '공기베개'가 그것. 이 상품은 해외여행이 잦은 비즈니스맨 사이에서 인기를 끌어, 전 세계 어느 공항에서든지 쉽게 찾을 수 있는 베스트셀러로 자리 잡았습니다. 또 여권과 여행경비 등을 넣어두는 전용 지갑도 인기 상품입니다.

또한 간편하게 접을 수 있는 간이 테이블과 파라솔도 인기 상품입니다. 앞으로도 레저산업은 비약적 성장이 예고되고 있습니다.

변화에 발맞춰 발 빠르게 대응해보십시오. 그동안 여행이나 여름바캉스에서 느꼈던 불편함을 아이디어로 승화시킬 계기입니다.

26) 애완용품에도 도전해야 하나요?

기발한 아이디어 하나로도 쉽게 정복할 수 있는 분야가 있습니다. 애완동물들을 위한 애완용품 발명이 그 대표적인 예입니다. 특히 애완용품 발명 부분은 '시대에 맞는 발명을 하라.'는 발명법칙에도 그대로 맞아 떨어지는 매력적인 분야입니다.

줄기에는 토마토가 열리고 뿌리에는 감자가 열리는 식물을 개발한다느니, 주먹만 한 쌀알을 만든다느니 하며 유전자 조작을 통한 품질개량이 한창이더니 사람도 실험 대상으로 삼았던가요? 강아지의 엄마라고 자청하며 애완동물을 자식 돌보듯 아끼고 사랑하는 사람이 늘어나고 있습니다. 그야말로 견공의 시대가 도래한 것입니다.

인간의 아낌없는 배려 아래에서 생활하는 견공들의 하루를 보면 '개 팔자가 상팔자'라는 말이 실감납니다. 아침에 일어나면 전용 샴푸로 목욕을 하고, 견공의 치아형태에 알맞게 고안된 칫솔로 양치질을 합니다. 물론 샴푸에는 털의 윤기를 더해주는 성분과 지긋지긋한 벼룩 퇴치성분 까지 특별 처방되어 있습니다. 목욕 후엔 가느다란 털을 빗기에 알맞은 전용 빗으로 가볍게 털 손질을 하고, 특별히 고른 악세설이로 머리를 장식합니다. 특별한 외출이 있을 경우에는 발톱 손질에 시간을 할애하기도 합니다. 식사는 견공의 식성과 크기 심지어 품위까지 고려해서 제조된 고단백 식품. 엎어지지 않도록 고안된 식기에 적당히 담아 우아하게 먹습니다. 물은 자동으로 공급되는 급수장치가 있어 아무 걱정이 없습니다.

외출 때는 발이 더러워지지 않도록 꼭 신발을 신고, 날씨가 추우면 알록달록한 옷을 껴입습니다. 특별한 일정이 없으면 볕이 잘 드는 거실에 앉아 개 껌을 씹는 것도 즐거운 일. 소가죽을 가공한 이 제품은 뼈다귀 모양으로 고안되어 있어 아주 흥미롭습니다. 만족한 하루를 보내고 전용 잠자리에 누우면 나지막한 베개와 이불이 견공을 보호해줍니다.

아주 대표적인 것만 나열했지만 견공의 생활이 예사롭지 않다는 것이 느껴집니다. 그만큼 인간과의 관계가 밀접해졌다는 것을 의미하는 것일까요? 아니면 그만큼 인간들이 애정을 쏟을 만한 대상을 잃었다는 것일까요? 어쨌든 애완동물들은 이제 가족과 같은 존재로 인간의 곁에 머물고 있는 것 같습니다. 때문에 그들을 위한 아이디어 용품이 발명되는 것도 당연한 현상인지도 모르겠습니다. 인간의 애정표현은 늘 상 그런 식으로 이루어지니까요.

이런 추세는 앞으로도 계속 이어질 전망입니다. 개인주의에 지친 현대인에게 아무런 불평 없이 따라주는 애완동물이야말로 좋은 친구가 될 수 있을 테니 말입니다. 따라서 애완용품 시장도 날이 가면 갈수록 거대화되고, 그에 따른 아이디어 상품도 다양해지고 있습니다. 앞서 나열한 것들은 아주 일상적이고 보편적인 상품들에 불과

합니다. 이제는 애완용품 시장에도 전문화의 바람이 불어 본격적인 아이디어 사냥에 나서고 있습니다.

특히 관심의 대상이 되고 있는 부분은 애완동물이 인간생활에서 느낄 수 있는 불편을 제거해주는 것. 즉 야생의 동물이 밀폐된 좁은 공간에서 살아갈 때 느낄 수 있는 각종 폐해, 이른바 운동부족, 노이로제, 비만 등을 치료 예방하는 데 주력하고 있는 것입니다. 이에 주목할 만한 아이디어 제품을 '독 러너'라고 불리는 애완동물 전용의 운동기구. 작은 상자 안에 회전하는 벨트가 설치되어 있어 애완동물이 계속 달리도록 유도하고 있습니다. 좁은 공간에서도 충분히 운동이 가능하므로 운동부족인 애완동물에게 안성맞춤이라고 합니다. 마치 인간이 사용하는 운동기구를 축소해놓은 것 같습니다.

또 하나 아주 흥미로운 상품으로 애완동물의 가발이 있습니다. 노이로제와 스트레스로 인해 대머리가 되는 애완동물들을 위한 상품으로 많은 사람이 찾는다고 합니다. 애완동물에게 탈모현상이 나타난다는 것도 놀랍거니와, 이를 위한 상품이 있다는 것도 무척 특이한 일이 아닐 수 없습니다. 개도 인간과 함께 사는 것이 적잖게 스트레스를 받는 일인가 봅니다. 어쨌든 이 부분에까지 아이디어에 응용한 이들의 순발력에 감탄할 뿐입니다.

이밖에도 진공 펌프를 이용하여 벼룩을 질식사시키는 '애완용 개의 기생충 구제장치' 등 세인의 관심을 끌기에 충분한 아이디어 제품이 수없이 많습니다. 그리고 이들이 확보하고 있는 소비시장도 상당한 크기로 성장하고 있습니다. 그야말로 가능성이 충분한 분야인 것입니다.

특히 이 애완용품 개발 부분은 특별한 전문지식이 없어도 도전이 가능해 더욱 매력적입니다. 애완동물에 대한 애정과 응용력만 있으면 얼마든지 아이디어를 창출할 수 있는 것입니다. 가능성이 있으면 모험은 언제나 가치를 지니는 법. 아이디어 창출을 위해 강아지와 대화를 시도해보는 것도 나쁘지는 않을 것 같습니다.

27) 브레인스토밍도 발명에 필요하나요?

눈감으면 코 베어갈 세상이라더니, 꼭 오늘의 현대사회를 두고 하는 말 같습니다. 너무 정신없이 바쁘게 돌아가, 잠시라도 정신을 놓으면 그 변화에 적응할 수 없습니다. 기업경영에 있어선, 그 변화의 바람은 더욱 거셉니다.

'30여 년 전만해도 냉장고를 하나 개발하면 족히 5년은 버텼습니다. 하지만 지금은 달라요. 자고 깨면 신제품개발을 생각해야 합니다. 자칫 처지면 도태되는 건 일순간이죠.'

한 시간이 다르게 변하는 컴퓨터 산업은 물론이고, 비교적 순환기간이 긴 자동차 기계업도 사정은 마찬가지라 합니다. 무한 경쟁 시대인 것입니다.

이런 사정이니 기업들의 경영방식이 바뀌는 것은 당연합니다. 구태의연한 자세에서 벗어나, 새로운 아이디어 창출에 발 벗고 나선 것입니다.

이른바 아이디어 회의라 불리는 모임이 하루에도 수차례씩 열리는가 하면, 많은 기업에서 아이디어 개발 전담반까지 만들어 놓았다 합니다. 이밖에도 주부 모니터 제도나 사원 제안 창구, 아이디어 개발 교육 프로그램 등 천태만상의 방법들이 동원되고 있습니다. 한 술 더 떠서 기업 간의 아이디어 빼내기 작전, 소위 산업 스파이 전쟁도 심심찮게 일어난다고 합니다.

이렇게 수많은 방법 중, 가장 대중적으로 운영되고 있는 것이 아이디어 회의입니다. 경제적이면서도 활용의 폭이 넓기 때문입니다.

아이디어 회의를 통해 효과적인 결과를 얻어내기 위해선 무엇보다 회의 진행방식이 중요합니다. 여타의 회의 방식을 그대로 적용하려 한다면, 오히려 구성원들의 창의력을 위축시킬 수 있습니다.

아이디어 회의를 위한 방법은 여러 가지가 있으나, 가장 환영받고 있는 것이 바로 브레인스토밍(brain storming)입니다. 이것은 일종의 아이디어 창출법으로, 집단의 효과를 최대한으로 살리고 각 아이디어를 서로 연관시키는데 가장 효과적인 방법이라 알려져 있습니다.

고안자는 알렉스 F, 오스본으로, 그는 1941년 광고 관계의 아이디어를 내기위한 방편으로 이 방법을 만들어 냈다고 합니다.

'브레인스토밍은 인간이 가진 상상력을 최대한 자극하는 방법입니다. 획일적인 사고방식에서 벗어나 개인적 상상의 세계에 들어서면 창조적 아이디어가 나오게 되죠.'

오스본의 설명대로 브레인스토밍은 여러 분야에서 높은 효과를 냈습니다. 브레인스토밍은 대체로 네 가지의 중요 규칙을 중심으로 진행됩니다.

첫째, 회의에서 나온 의견들에 대한 비판은 절대 금합니다.

이는 구성원의 심리적인 자유를 보장하고, 감정과 편견의 철저한 배제를 위한 것입니다. 인간은 모두 청개구리의 자질을 갖추고 있습니다. 객관성을 유지해야 하는 자리에서조차, 자신의 의견에 대치되는 상황이 형성되면 완고하게 변해버리는 것입니다. 감정적이고 자기중심적인 부분이 그대로 드러나 버립니다. 이런 상황이 되면, 아이디어 창출은 물론이고, 회의 자체를 더 이상 운영할 수 없게 됩니다.

브레인스토밍은 한 가지 현상에 대해 토론하는 자리가 아니라 최대한 많은 아이디어를 수집하는 자리이므로, 자유로운 의사계진이 무엇보다 중요합니다. 따라서 비판의 강력한 제제가 필요한 것입니다.

둘째, 의견제시나 회의 진행에 일정한 형식을 고집하지 말고, 자유분방한 자세를 갖도록 유도합니다.

이것은 심신의 긴장을 풀어줌으로써, 사회적 개인적 사고의 틀에서 생각을 해방시키기 위한 것입니다. 상식적이고 일반적인 아이디어보다, 약간 엉뚱하고 다소 허무맹랑한 생각을 하도록 이끌어 나갑니다.

셋째, 되도록 많은 양의 아이디어를 제시하도록 합니다.

아이디어의 실용성에 관계없이 많은 양의 아이디어가 나오도록 힘씁니다. 아이디어가 많을수록 실용화 할 수 있는 아이디어의 확률이 높아지는 것입니다.

넷째, 타인의 아이디어를 개선하거나 결합하는 노력을 합니다.

의견의 비판은 엄격히 제한하지만, 서로 다른 아이디어를 연관시키는 것은 환영합니다. 이 작업 속에서 아이디어가 새로운 것으로 발전 될 수 있습니다.

브레인스토밍은 이 규칙들을 모두 익힌 후에야 개최가 가능합니다. 이 요소 중 한 가지만 소홀히 하여도 효과적인 회의 진행은 기대할 수 없습니다.

브레인스토밍을 진행하기에 가장 알맞은 인원은 약 12명 정도입니다. 이 중 한 명은 리더가 되고, 또 다른 한 사람은 기록원이 됩니다. 나머지 열 명이 아이디어를 내는 주 구성원이 되는 것입니다.

이 열 명의 아이디어맨도 반반의 비율로 나누어 구성하는 것이 효과적입니다. 즉 10명 중 5명은 정식멤버로, 나머지 5명은 초대 손님의 성격으로 구성합니다. 이렇게 하면 정식멤버에게서는 회의를 활성화하는 역할을, 초대 손님으로부터는 기발한 아이디어를 기대할 수 있습니다.

멤버구성이 끝나면, 본격적인 회의에 들어갑니다. 이때, 자리배치는 ㄷ자형으로 하고, 커다란 명찰을 착용하도록 하여 상호간에 안면을 익히도록 주의를 기울이는 것이 중요합니다.

일단 회의가 시작되면, 무엇보다 리더의 역할이 큰 비중을 차지합니다. 리더는 회의의 규칙이나 원리를 충분히 이해하고 있어야 하며, 참가자 전원으로부터 신뢰를 얻는 인물이어야 합니다. 또한 그는 회의 문제를 사전에 검토하여 그 내용을 충분히 파악하고 있어야 합니다.

뿐만 아니라, 특성열거법, 결점열거법, 희망점열거법, 체크리스트법 등 과제를 분석 변화시키는 방법도 능숙하게 조작할 수 있어야 합니다. 리더의 진행에 따라 회의의 승패가 결정되기 때문입니다.

브레인스토밍은 기록원이 기록한 내용을 점검하고, 이를 통해서 아이디어를 얻어내는 작업을 끝으로 마무리 짓습니다. 소요시간은

15분에서 한 시간 정도, 주제와 회의진행에 따라 탄력적입니다.

브레인스토밍은 구체적이고 특수한 주제만 있다면 언제 어디서든 활용할 수 있습니다. 가전업체의 새 상품 개발은 물론이고, 창조적 사고능력을 기르기 원하는 개인에게도 유용합니다. 또한 획일적이고 암기 위주의 교육으로 치닫고 있는 우리 학교 교육에서도 응용해봄직 합니다.

인간의 정신활동은 그 끝을 알 수 없을 만큼 광대하나, 우리가 사용하는 부분은 너무나 제한적입니다. 아깝게도 많은 것이 사장되는 것입니다.

가끔씩 두뇌를 회전시켜봅시다. 폭풍우처럼 아이디어를 마구 쏟아냅시다. 주어진 것을 최대한으로 활용할 의무는 인간에게만 있는 것입니다.

28) 발명에도 얼굴이 있나요?

발명에도 얼굴이 있습니다. 이것을 '발명의 세 얼굴'이라고 합니다.

첫 번째 얼굴은 '착상 발명'입니다. 착상발명품으로는 +자형 드라이버, 철조망, 코카콜라병, 주전자뚜껑의 삼각구멍, 삼각팬티, 쌍소켓 등으로 간단한 아이디어에 의한 것을 예로 들 수 있습니다.

이 같은 착상발명은 구조가 매우 단순하기 때문에 초보자라해도 만들기 쉬울 뿐만 아니라 제조공정도 간단하여 상품화도 하기 쉽습니다. 우리가 사용하고 있는 대부분의 생활필수품들이 이 착상발명입니다.

두 번째 얼굴은 '과학적 발명'입니다. 과학적 발명은 과학의 원리를 교묘하게 응용하거나, 복잡한 메커니즘을 조합하는 것입니다.

과학적 발명으로는 컴퓨터, 로봇, 모터, 냉각장치 등 첨단기술 제품으로 상당한 수련과 전문지식을 필요로 합니다.

각 기업에 설치된 기술연구소에서 하고 있는 연구개발이 곧 과학적 발명의 예로 첨단의 연구시설과 고급두뇌를 필요로 합니다. 우리나라 기업 중에도 신기술개발을 위해 연간 매출액의 3~10%라는 연구비를 투자하는 기업이 매년 늘어나는 추세에 있습니다.

세 번째 얼굴은 '응용발명'입니다. 응용발명은 냉각장치를 냉장고에 도입한다거나, 반도체를 컴퓨터에 활용하는 등 어떤 제품 또는 부품을 다른 제품에 응용하는 것을 말합니다. 따라서 과학적 발명 보다는 한 단계 낮은 발명으로 약간의 수련과 전문지식이 있으면 가능합니다.

한 마디로 응용발명은 이미 있는 물건이나 부품을 결합하여 새로운 기능이나 용도를 가진 물건으로 만드는 것을 말합니다.

예를 들면 시계와 라디오를 결합한 '시계 겸용 라디오', 카메라와 현상 기구를 결합한 '폴라로이드 카메라' 등이 응용발명의 좋은 보기라 하겠습니다. 따라서 착상발명이 초보자의 영역이고 과학적 발명이 과학자들의 영역이라면 응용발명은 초보자와 과학자의 공동 영역이라 할 수 있습니다.

발명의 세 얼굴 중 어떤 얼굴을 선택하느냐는 발명하는 사람의 경험과 지식에 따라 달라집니다.

또한 발명은 연애와도 같습니다.

많은 이성 가운데서 자신이 좋아하는 타입을 찾아 사랑도 하고 결혼도 하듯이 초보발명가는 자신이 다루기 쉬운 분야를 선택하여 꾸준히 연구하는 자세가 필요합니다. 이것저것 뚜렷한 목표 없이 무작정 손을 대어보는 발명은 삼가 해야 합니다.

착상발명이 초보자의 영역이라는 체면 때문에 과학적 발명에 도전하는 것도 계란으로 바위를 깨는 격. 착상발명이냐, 과학적발명이냐, 응용발명이냐가 중요한 것이 아니라 얼마나 훌륭하면서 또 실생활에 편리하게 이용할 수 있는 발명을 했느냐가 중요한 것입니다.

지금까지 설명한 3단계는 누가 주장했는지 아직까지 알려지지 않았습니다. 그러나 미국과 일본 등 선진국은 물론 많은 나라의 발명가들이 이 기법을 중요시 하고 있는 것만은 사실입니다. 우리나라도 예외가 아닙니다.

그리고 이 3가지 기법은 단독으로 이용되는 것이 아니라 뒤섞여 이용되고 있으므로 어느 기법이 특히 좋다고 말할 수도 없습니다. 적절한 사용을 당부할 뿐.

29) 발명에도 순서가 있나요?

'무엇을 발명할 것인가?'

여기에서 일단 목표가 결정되면, 본격적인 발명에 착수하게 됩니다. 그런데 발명에도 순서가 있습니다. 다음의 사항들을 꼭 생각해 둡시다.

자신이 발명하고자 하는 것이 '일반사람들에게나, 자기 자신에게 어떠한 이익을 줄 것인가?' 하는 문제입니다.

가정용 파마 용구의 발명자로 유명한 미국의 발명가 하리스는 나이 마흔이 넘도록 변변한 사업도 못하고, 미용용품점을 꾸려가며 근근이 생계를 유지하고 있었습니다. 그러던 어느 날, 거래를 위해 미용실에 들렀다가 여인들의 파마하는 모습을 지켜보게 되었습니다.

'저런…, 파마를 정말 힘들게 하네.'

당시 파마기술은 오랜 시간을 요구했고, 그 과정도 복잡하여 요금이 매우 비쌌습니다. 하리스는 이 점에 착안하여 가정용 파마용품을 발명하기로 했습니다. 그는 자료조사를 시작했고, 많은 책을 통해 관련지식을 습득했으며 여러 사람의 의견을 청취하는 과정에서 이 발명이 여성들의 불편을 덜어주고 시간을 절약하기 위해서도 꼭 필요한 발명이라는 것을 확신했습니다.

이렇게 탄생된 파마용품은 '토니'라는 이름으로 시중에 판매되었는데, 결국 여성을 비롯한 일반사람들에게 많은 도움을 주었고, 하리스 자신에게도 많은 이익을 안겨 주었습니다.

둘째, '이 발명은 자신의 지식이나, 기능 그리고 경험 및 경제력을 보아 가능한가?' 를 따져 보아야 합니다.

발명하겠다는 욕심만으로 자신의 능력은 살펴보지도 않고 성급하게 덤빈다면 얼마 못가서 포기하고 말 것입니다.

앞서 예를 든 하리스의 경우만 보더라도 그가 미용기구를 발명한 것은 결코 우연이 아닙니다. 그는 마흔이 넘도록 미용에 관한 직업에 관계를 맺고 있었고, 그가 아는 지식을 동원하여 웨이브 액과 중화제, 권모기와 고무 띠 등 미용용품과 관계 깊은 파마용품 발명해 낼 수 있었던 것입니다.

먼저 관심 있는 분야에 지식이나 기능을 쌓고, 경험 및 경제력 등을 충분히 고려해본 다음에 가능성의 여부를 진단해야 실패가 없을 것입니다.

셋째, '이 발명과 같은 종류의 발명이나, 물건에 관한 현재 기술의 정도는 얼마나 진보되어 있는가?' 를 알아보아야 합니다.

1백 년 동안 전 세계 시장을 꼼짝 못하게 움켜쥐고 있는 '왕관 병뚜껑'은 농부인 페인타의 발명품입니다.

어느 무더운 여름 날, 농장에서 돌아온 페인타는 하루 종일 비지땀을 흘리며 일했기 때문에 갈증이 심하여 귀가 즉시 소다수병을 따서 단숨에 들이켰습니다. 그러나 다음 순간 엄청난 복통으로 괴로움을 겪게 되었습니다. 병마개가 엉성했던 탓에 소다수가 변질된 것을 모르고 마셨기 때문입니다. 근처에는 약국도 없어 사흘간이나 고생하던 끝에 페인타는 병뚜껑을 개량하겠다는 생각으로, 완벽한 병뚜껑을 만들 것을 결심했는데, 그로부터 5년간 그가 모은 기존의 병마개는 자그마치 6백여 종류에 3천개가 넘었습니다.

본격적인 연구는 이때부터였습니다. 기존의 물건에 대한 철저한 분석과 연구가 시작되었던 것입니다.

넷째, '이 발명으로 제작할 수 있는 물건의 작용이나 효과에 대한 필요성이 지금까지는 어떠한 방법이나 물건으로 대신 충당되어 왔는가?' 를 살펴봅니다.

다섯째, '이 발명이 발명시점으로부터 시대의 요구나 경향에 일치하는가?' 하는 것을 분석해 봅니다. 이와 같은 사항들을 고려하여 자료를 모두 모은 다음, 그 속에서 자신이 시도하려는 발명에 이용할 만한 자료를 찾아냅니다.

이에 대하여는 습관이 되면 차츰 좋은 방법이 생기지만, 발명의 원리적인 것에 대해서는 각 전문분야에 속하는 학술문헌을 찾아내고, 기구나 작용에 관한 것은 실물이나 기구 등을 직접 관찰하며, 그렇지 못한 경우에는 카탈로그나 전문서적 및 특허공보 등에서도 찾아냅니다.

이상과 같이 검토의 순서가 끝나면 발명에 착수하게 되는데, 처음부터 어려운 것을 하려 하지 말고 간단하고 쉬운 것부터 하는 것이 좋습니다.

30) 바람직한 발명가의 자세는 무엇인가요?

유비무환. 좋은 결과를 얻기 위해서는 철저한 검토가 필요합니다. 충분한 검토가 이루어지지 않은 발명은 아이 손에 쥐어진 빨간 풍선과 같아서 언제 하늘로 날아가 버릴지 알 수 없는 일입니다.

발명의 목표를 정할 때엔 항상 목표에 대한 객관적인 점검을 거쳐야 합니다. 발명가들은 때론 사랑에 빠진 젊은 남녀처럼 자신의 목표에 무조건적인 애정을 바쳐 무분별하기 쉬운데, 이것은 극히 위험한 상황입니다. 진정한 성공을 얻고 싶다면 한걸음 물러서서 판단하는 것이 좋습니다. 자신이 도전하려 하는 발명이 얼마만큼의 이익을 가져다 줄 수 있는가를 냉정하게 검토해야 하는 것입니다.

발명은 궁극적으로 경제적 이익을 얻고, 생활에 편리하게 하는데 목적이 있습니다. 만약 투자 이상의 효과를 기대할 수 없다면, 그 발명은 일찌감치 포기하는 편이 낫습니다. 이것은 극히 상식적인 이야기입니다. 사업을 하거나 정치에 뛰어들거나 거리의 악사로 진출

한다고 하더라도 꼭 고려해야할 조건인 것입니다.

이 단계를 등한시 하여 실패하는 발명가들이 적지 않습니다. 믿기지 않지만 지금도 이런 눈먼 불나방들이 기름을 짊어지고 불속으로 뛰어들고 있습니다. 손해 볼 것이 거의 확실한데도 탱크마냥 돌진하는 것입니다. 그들은 자신의 아이디어가 옳다는 자만에 빠진 나머지 객관적인 판단을 잃고 터무니없는 자신감에 부풀어 있습니다. 목표물을 거듭 확인하고 객관적인 판단력을 잃지 않는 것, 경쟁사회의 전쟁에서 승리하는 첫째 조건입니다.

이 과정이 끝나면 다음에는 정한 목표가 자신이 소화할 수 있는 것인가를 검토해야 합니다. 자신이 가진 지식이나 경제력 및 경험 등에 비추어 무리하지 않는 범위 내에서 진로를 정해야 합니다.

전기에 대해선 +, −극도 제대로 모르면서 새로운 전기 공급시스템을 발명하겠노라고 선언이라도 한다면 정말 곤란한 일입니다. 이 경우엔 다음 단계에 들어서지도 못하고 발명이 끝내게 될 것입니다. 승용차를 타고 태평양을 건너겠다고 떼쓰는 꼴과 다를 바 없습니다. 아쉽지만 이에 대한 발명은 다른 이에게 양보하는 것이 좋습니다.

너무 높은 목표를 단 한 번에 정복하려는 자세도 좋지 않습니다. 일단 스스로 해낼 수 있는 작은 것에서부터 시작합시다. 그 후에 점차 단계를 높여 나가면 됩니다. 그 과정을 통해 많은 경험과 자신감이 쌓여 처음과는 비교가 안 되는 실력자가 될 수 있을 것입니다.

또 한편으론 자신이 도전하고자 하는 영역의 기술수준과 그 관련기술의 수준이 어느 정도인지 파악해야 합니다. 관련기술은 언제든지 도움을 받을 수 있는 지원부대와 같은 것입니다. 때론 이 관련

기술에 의해 승패가 결정되기도 합니다.

마지막으로 자신의 목표가 시대의 흐름에 부응하는지, 종전의 것보다 발전적인 것인지 면밀히 검토해야 합니다. 발전적이지 못한 것은 발명이라 부를 가치도 없는 것입니다.

칼라의 다양화가 시도되고 있는 시점에서 모노톤의 개발을 하려 한다든지, 환경에 대한 관심이 높아지는 와중에 공해물질을 유발하는 제품을 만든다고 한다면 성공의 근처에도 갈 수 없을 것입니다. 유행에 민감하고 시대의 흐름을 제대로 파악하는 것. 이것도 발명가라면 갖추어야 할 필수 자세입니다.

이 모든 사항에 적절히 들어맞은 것이라야 비로소 발명의 목표로서 인정받을 수 있습니다. 만약 이 중에 한 가지라도 의심스런 부분이 있다면 당장 목표를 수정해야합니다. 실패를 경험한 뒤에 하는 후회는 아무런 소용이 없습니다. 잘못 끼워진 단추는 처음부터 다시 시작해야 하는 것입니다.

2

우리나라 발명기법인 '발명의 10계명'이란 무엇인가요?

(전기공업신문 2016년 3월 11일 기사 전문)

왕연중 한국발명문화교육연구소장 겸 U1대학교 발명특허학과 겸임교수가 지난 1989년 창안해 우리나라 최초 학생발명 교재 '발명생활'에 선보인 '발명십계명'이 최근 도서와 CD로 출간됐다. 이 CD와 도서는 특히 출간과 동시에 경기도교육청 창의-발명교육 교재로 채택돼 화제를 모으고 있다.

이와 함께 학생 대상의 발명 교육 콘텐츠이자 지난해 정부의 '이달의 우수게임'에 선정된 모바일 학습용 게임인 '발명탐정 진'이 CD로 발간됐다. 이 CD는 학생발명교육 활성화를 위해 한국발명진흥회가 특허청 · 문화체육관광부 · 한국콘텐츠진흥원과 함께 개발, 출시한 G-러닝 콘텐츠다. 전국 어디서나 스마트 폰으로 무료 다운로드가 가능하다.

이 CD가 폭발적인 인기를 끌자 한국발명진흥회는 도서출판 예문과 함께 '발명탐정 진'을 학습용 도서로 각색한 '렛츠고! 발명십계명'을 출간했다. '디지털 네이티브' 세대인 학생의 발명 학습을 위해 역사 속 발명이라는 소재를 모바일 게임에 접목시켜 개발한 것이다.

'렛츠고! 발명십계명'은 이러한 '발명탐정 진'을 학생 대상 학습용으로 각색한 도서로, 학교 실과 교과와 연계돼 있어 학생들에게 친근할 것으로 기대된다. 학생들이 좋아하는 공상과학 이야기에 실제 발명 역사를 결합해 '열 가지 발명 원리'를 재미있고 알기 쉽게 전달하고 있다. 특히 인벤션 월드 탐험을 통해 역사적 발명품이 탄생하던 순간으로 돌아간다는 설정으로 흥미를 높였다. 아울러 퀴즈 · 크로스퍼즐 · 발명노트 등 다양한 학습도구를 수록해 활용도를 높이도록 했다.

부록인 '10일 만에 발명가 되기'도 눈길을 끈다.

'렛츠고! 발명십계명'은 '발명십계명'을 창안한 왕연중 교수가 감수로 참여했다.

한편 왕교수의 '발명의 10계명'은 그동안 단행본 발간, 포스터 제작, 만화 제작, 동영상 제작으로 TV드라마 소개, 애니메이션 제작, 교육용 카드 제작, 매직블록 제작, 12면체 저금통 제작, 어린이 백과사전 및 교과서 게재 등으로 변신을 거듭해왔다.

1) 더하기(+) 발명도 있나요?

산수의 가장 기본적 셈이 '더하기(+)'이듯 발명에서도 가장 기본적인 것이 '더하기(+)발명'입니다. 글자 그대로 더하면 됩니다.

'물건+물건'과 '방법+방법'이 있습니다. 그것도 새로운 물건과 방법이 아니라, 있는 물건과 방법들을 서로 더하기만 하면 됩니다.

너무 쉽고 간단하여 그것도 발명이냐고 할 사람이 있겠지만 천만의 말씀. 창조란 이미 있는 소재를 새롭고, 가치 있게 조합하는 것입니다.

미국의 하이만은 연필 끝에 지우개를 달아 세계적인 발명가가 되었습니다.

사람의 얼굴에 사자의 몸을 조합시킨 스핑크스도 힘과 지혜의 상징으로 더하기 발명에서 착안한 것을 알 수 있습니다.

아주 오래된 영화에서 전화기의 수화기와 송화기가 따로 떨어져 있는 것을 볼 수 있는데, 언제부터인가 수화기와 송화기를 한데 모아 매우 편리하게 통화할 수 있습니다.

이 밖에도 수많은 기능의 스마트폰, 냉동을 겸한 냉장고, 보온을 겸한 전기밥솥, 라디오에 시계를 더한 제품, 목걸이 겸용 시계, 망치 겸용 장도리, 책장과 책상을 합친 가구, 상의와 하의를 더한 원피스 등 두 가지 물건을 더하여 새로운 기능을 갖게 된 편리하고 유익한 물건은 수없이 많습니다.

두 가지 기능뿐만 아니라 세 가지, 네 가지 이상의 기능을 더한 발명품이 쏟아져 나왔습니다.

시계에 전자계산과 간단한 오락까지 겸하도록 한 제품이 각광을 받았고, 텔레비전에 비디오 기능은 물론 노래방 기능까지 겸한 것, 샴푸에 린스의 효과와 트리트먼트 효과, 비듬제거를 더한 복합기능의 샴푸도 경쟁하듯 개발되었습니다.

앞으로도 이 '더하기 발명'은 더욱 발전될 추세입니다. 수학에서는 하나 더하기 하나는 둘 뿐이라는 정확한 답이 있을 뿐이지만 발명에서의 더하기는 답이 열 개 일수도 있고, 수천 개가 될 수도 있습니다. 많은 사람들이 무심코 지나치기 쉬운 것들을 한 발 앞서 더하기 발명으로 발명가가 될 수 있고, 발명품을 상품화하면 훌륭하게 성공할 수 있는 곳이 발명의 세계입니다.

주위를 둘러보십시오. 아직도 '더하기 발명'의 대상이 될 물건은 얼마든지 있을 것입니다.

'이것과 저것의 기능을 더하면 어떻게 될까?'

끊임없이 질문을 던져 보십시오. 발명을 위한 하나 더하기 하나는 무궁무진합니다.

2) 빼기(−) 발명도 있나요?

세상에는 빼서 좋아지는 것도 있습니다. 이것이 발명입니다. 그래서 발명은 재미도 있는 것입니다. 많은 사람들이 시도해보지도 않고 포기해버린 발명은 그리 어렵고 힘든 분야가 아니었습니다.

단지 그 기능을 더하는 것만으로도, 또 빼는 것만으로도 충분히 발명이 될 수 있습니다.

실제로 빼기 발명으로 성공한 사례를 살펴봅시다. 아주 오래 전, 일본의 ㅈ사는 4칸 회전도어를 1칸 빼낸 3칸 회전도어로 바꿔서 생산하여 많은 돈을 벌었습니다. 3칸 회전도어는 4칸 회전도어에 비해 제작비도 적게 들지만 편리하기도 하여 ㅈ사는 큰돈을 벌 수 있었던 것입니다.

씨를 없앤 각종 과일과 수박, 추를 없앤 시계와 설탕을 넣지 않은 무가당 과일 주스 등도 빼기 발명의 대표적인 사례입니다.

숫자를 빼낸 시계는 젊은 신세대에게 새롭고 독특하다는 이유로 호응을 받았습니다. 또한, 몸에 좋지 않다는 이유로 주부들이 사용을 꺼려왔던 화학조미료에서도 이러한 성분을 빼낸 것이 개발되어 크게 관심을 모은바 있습니다.

이 밖에도 튜브 없는 타이어와 연통 없는 난로 등 수 많은 빼기 발명의 사례가 있습니다.

주변을 둘러보면 아직도 빼기 발명의 대상이 많이 있습니다. 없어도 되는 것은 있는 것보다 없는 편이 훨씬 편리하고 경제적입니다.

단, 무조건 빼서는 안 됩니다. 빼내서 모양이 나빠지거나 기능이 떨어지면 곤란합니다. 이 점을 명심하고 주위를 살펴보십시오.

3) 모양을 바꾼 발명도 있나요?

모양을 바꾸는 것도 발명입니다.

산업재산권은 특허 · 실용신안 · 디자인 · 상표 등 네 가지로 분류되는데, 여기에서 모양은 디자인에 해당됩니다. 모양이 아름다운 것도 발명인 것입니다.

'이왕이면 다홍치마'에서 '비싸도 다홍치마'로 진화한 말이 있듯이, 사람들의 아름다움에 대한 관심은 옛날이나 지금이나 변하지 않는 것 같습니다.

세계 각국의 수출시장은 성능 못지않게 디자인도 중요시 하고 있습니다. '보기 좋은 떡이 먹기도 좋다'고 했듯이 디자인이 아름다우면 그만큼 잘 팔리는 상품이 되는 것은 당연한 일입니다.

마트의 전화기 코너에 가 보면 각양각색의 전화기들이 진열되어 있습니다. 피아노 모양으로 다이얼 대신 건반을 누르거나, 오리 모양의 오리 소리가 나는 전화, 자동차 모양, 투명하여 속이 들여다보이는 전화, 코카콜라 병 모양, 지구본 모양 등 수많은 모양의 전화기가 있습니다. 색깔 또한 가지가지입니다.

이는 모두 디자인등록이 된 전화기로 디자인도 특허청에서 산업재산권 등록을 받으면 특허와 실용신안처럼 독점사용이 가능합니다.

잘 팔리는 상품치고 디자인등록이 되어있지 않은 것은 거의 없습니다. TV · 세탁기 · 냉장고 · 선풍기 · 라디오 등의 가전제품은 물론이고 주전자 · 물 컵 · 쟁반 · 접시 · 냄비 · 찻잔에 이르기까지 회사는 독점생산을 위해 디자인등록을 해 놓고 있습니다.

모양을 바꿈으로써 성공한 예는 많습니다. 유선형 만년필을 만든 파카는 디자인으로 세계적인 '만년필 왕'이 되었습니다. 당시 유선형의 디자인은 비행기와 자동차에까지 채택될 정도로 유행했습니다. 파카는 전형적인 막대 모양의 만년필을 유선형으로 바꾸었는데 이것이 대성공을 한 것입니다.

오래된 성냥갑을 계단형, 반달형, 맥주병형, 팔각형, 원통형 등 1백여 종으로 만든 일본의 쓰쓰이는 그로 인한 로열티로 연간 1천 만 엔이 넘는 큰돈을 벌었습니다.

디자인은 물건의 모양 뿐 아니라 형상과 색체도 해당됩니다.

지금 주변에서 사용되고 있는 물건들을 보다 아름답게 구상해 보십시오. 사각 모양을 삼각 혹은 원으로 바꾸어 보고, 좀 더 독특하고 새로운 색상과 무늬를 도안해봅시다. 현대인들은 더욱 새롭고, 다양한 모양을 원하고 있습니다.

4) 용도를 바꾼 발명도 있나요?

돼지에게 진주란 아무짝에도 쓸모없는 무용지물입니다. 반면에 인간에게 진주의 가치는 대단합니다.

이처럼 세상에는 이중적 가치를 지닌 것들이 수없이 존재하고 있습니다. 인간의 손에 의해 가공이 되면 보석으로서 가치를 인정받는 존재라 할지라도 돼지우리에 버려져 짓밟히는 일들이 허다한 것입니다. 짓밟히고 있는 보석을 찾아내어 새로운 가치를 부여하는 것, 이것이 바로 발명가에게 주어진 소임이며 권리입니다.

셀룰로오즈를 원료로 하는 레이온 산업은 한때 세계적인 돌풍을 일으켰었습니다. 많은 공장들이 레이온을 생산하는데 열을 올렸고, 레이온이야말로 차세대 방직업을 선도하리라 생각했었습니다.

그러나 1980년에 들어서면서 레이온의 인기는 급격히 떨어져 많은 공장들이 문을 닫고, 창고마다 셀룰로오즈가 가득 쌓인 채 방치되었습니다. 레이온 산업에 매달렸던 사람들은 피해가 극심했습니다. 그들에게 남은 희망이란 쓸모없이 자리만 차지하고 있는 셀룰로오즈 뿐이었습니다.

만약 당신이 이런 위기에 처해있다면 어떤 식으로 이 난관을 헤쳐 나가겠습니까? 많은 셀룰로오즈를 헐값에 팔아 한 푼이라도 건져보려는 것이 최선의 방책일까요? 물론 그것도 한 방법이 될 수는 있을 것입니다. 하지만 그들이 택한 방법은 그런 소극적인 해결책이 아니었습니다. 창고에 쌓인 셀룰로오즈의 다른 용도를 찾기 시작했습니다.

"방직용이 아닌 다른 것에 사용할 수는 없을까?"

이것이 바로 진흙탕 속에서 진주를 찾아내는 발명가이자 발명기업인의 자세입니다.

결과는 물론 대성공이었습니다. 식물성 셀룰로오즈의 특성을 최대한 활용하여, 다이어트 미용식으로 탈바꿈 시킨 것입니다. 옷감의 원료가 삽시간에 다이어트 식품으로 변신하다니, 보통 사람의 상식으로는 생각해낼 수 없는 일임에 틀림없습니다.

칼로리는 전혀 없으나, 포만감을 일으키는 셀룰로오즈는 미용식으로 다시 한 번 각광을 받게 되었고, 서구를 비롯한 각국은 물론 우리나라에까지 상륙하여 사랑을 받은 바 있습니다. 진정 가치 있는 변신입니다.

이렇게 용도를 찾는 작업은 발명역사에 많은 부분을 차지하고 있습니다. 재고로 쌓인 훌라후프를 비닐 하우스의 지지대로 사용하는 것도 그 사례입니다. 자칫하면 모두 무관심 속에서 묻혀버릴 것들입니다.

다른 용도를 찾는 것은 간과해서는 안 될 중요한 발명기법 중의 하나입니다. 하나의 줄기를 가진 나무에서 예측할 수 없는 많은 나무가지가 뻗어 나가듯, 한 가지 사물에도 많은 특성이 숨겨져 있기 때문입니다. 그 숨겨진 특성을 밝혀내 적재적소에 사용할 줄 아는 사람만이 성공을 보장받을 수 있습니다.

다른 용도를 찾는 연습을 해봅시다. 다소 억지스런 생각이라도 상관없습니다. 이 반복된 연습 속에서 어쩌면 귀한 열매를 맺을 지도 모를 일입니다.

5) 크게 또는 작게 한 발명도 있나요?

크게 하거나 작게 하는 것도 발명가들이 많이 사용하는 기법 중의 하나입니다. 크게 확대하면? 무엇인가 부가하면? 좀 더 시간을 걸리게 하면? 좀 더 횟수를 늘리면? 길게 하면? 다른 가치를 부여하면? 겹치면? 서로 걸치게 하면? 크게 과장하면? … 등이 모두 크게 하는 개념으로 통하니 만큼 무엇이든지 크게 생각해 보는 것도 발명가가 되는 지름길입니다.

세제들을 보면 그 세척 효과를 2~3배로 늘린 소위 절약형 세제들입니다. 효과를 2배 이상으로 높인 것은 세제뿐 아니라 식초나 화학조미료 등에서도 찾아볼 수 있습니다.

또 무엇인가 부가하는 경우는 지금까지 한 가지 기능으로만 쓰이던 것을 두 가지 기능을 가지는 발명으로 탄생시켰습니다. 드라이버 라이트가 바로 그것입니다. 이 발명은 드라이버 끝에 라이트가 붙어있어서 아무리 어두운 곳에서도 정확히 나사를 조이고 뺄 수 있는 것으로 전 세계에서 애용된 바 있습니다.

축소화의 개념 또한 매우 광범위합니다. 즉 압축하면? 소형으로 하면? 무엇인가 제거하면? 낮게 하면? 가볍게 하면? 분할하면? 짧게 하면? 등 수없이 많습니다. 몇 년 전 소형차가 보급되어 많은 사람들의 호응을 얻음으로써, 중형차만을 선호하던 경향도 많이 누그러졌습니다.

인스턴트식품만 해도 이 '작게 하면'의 아이디어에서 비롯된 것입니다. 인스턴트식품은 크기가 아니라 시간에 해당됩니다. 바쁜 현대인을 위하여 조리시간을 짧게 단축시킨 것입니다.

6) 반대로 한 발명도 있나요?

유도에 역수가 있듯이 발명에서도 역발상이라는 것이 있습니다. 모양·크기·방향·수·성질 등 무엇이든 반대로 생각해보는 것입니다.

이렇게 반대로 생각하여 성공을 거둔 사례는 의외로 많습니다.

손이 아닌 발로 방향을 조절하고, 손으로 전·후진을 하는 세발 자전거. 이것은 오래 전에 세계 최초로 우리나라의 ○사장이 발명한 것입니다. ○사장은 손과 발이 하는 일을 반대로 하여 어린이들의 호기심을 끌었던 것입니다. 기존의 것을 반대로 생각하여 만든 이 발명은 크게 성공을 하여 일본에 수출하기도 했습니다.

일본에서도 이런 경우가 있었습니다. 아주 오래 전 공중에서 회전하는 팽이가 발명되어 수십만 개가 팔렸다고 합니다. 기존의 팽이가 땅에서만 회전한 것을 반대로 하여 공중에서 돌도록 한 이 팽이는, 팽이의 축을 자석으로 만들고 실로 매단 쇠고리에 이 팽이의 축을 흡착시키면 공중에서도 마찰이 적게 돌아가도록 한 것입니다.

주위를 살펴보면 이같이 익살스럽고 재미있는 발명이 의외로 많습니다. 벙어리장갑은 양말에서 비롯되었고, 다섯 발가락을 분리한 양말은 장갑에서 비롯되었습니다.

현대인은 독특하고 새로운 것을 원하고 있습니다. 따라서 기상천외한 발명이 성공할 확률은 매우 큽니다. '반대의 아이디어'로 만들어진 시계도 볼 수 있습니다. 시계의 숫자 배열을 반대로 한 시계, 시침과 분침의 길이가 반대인 시계, 시계 초침을 비롯해서 분침, 시침이 모두 반대 방향으로 회전하는 시계는 많은 사

람의 호기심을 자극하며 호응을 받았다고 합니다.

오래 전 일본의 M사는 콘센트를 긴 선상으로 천장에 붙여놓고 어디에서나 전기를 빼낼 수 있도록 함으로써 전선을 사방으로 깔아 배선하는 불편과 혼선으로 불결해지는 것을 동시에 해결했습니다. 이것은 짧은 콘센트를 반대로 아주 길게 하여 성공한 좋은 사례입니다. 그 외에 뚜껑이 밑에 있는 용기도 있지요.

'반대로 생각하는 아이디어!' 이 방법은 앞으로 더욱 크게 이용될 것입니다. 주변을 살펴보며 반대로 해서 더 좋아질 것을 찾아봅시다.

7) 아이디어를 빌린 발명도 있나요?

차용법이라고 불리는 이 기법은 아주 많이 이용되고 있습니다. 남의 아이디어를 빌린다는 것은 가장 신속한 방법으로 그다지 많이 노력하지 않아도 되는 장점이 있습니다. 그러나 도가 지나치면 단순한 모방이지 발명이 아님을 명심해야 합니다.

즉 아이디어를 빌려서 새로운 발명을 하는 것은 장려하고 있습니다. 실용신안제도가 바로 그것입니다. 이미 특허로 등록되어 있는 기술이라도 좀 더 좋게 개선하면 실용신안등록이 가능합니다. 이 때문에 특허를 대발명이라 하고, 실용신안을 소발명이라 하기도 합니다.

아리스토텔레스는 그의 '시학'에서 '모방은 인간이 어린 시절부터 갖고 있는 것이며, 인간이 세상에서 가장 모방을 잘하는 동물로서, 처음에는 이 모방에 의해서 배운다.'고 주장했습니다.

또 발명왕 에디슨도 '타인이 많이 사용한 신기하고 흥미 있는 아이디어를 끊임없이 찾는 습관을 기르는 것이 곧 발명의 시작이다.'라고 말한 바 있습니다.

사실 일본의 선진경제는 모방에서 비롯되었다고 해도 과언이 아닐 정도로 모방에 있어서는 천재적인 기질을 발휘해 왔습니다.

아주 오래 전 일본의 N사는 '먹이를 먹으러 들어가면 나오지 못하는 쥐틀'이라는 남의 아이디어를 빌려 같은 원리의 바퀴 벌레 틀을 발명하여 6억 엔어치나 팔았습니다. 또한 같은 일본인 ㅇ씨는 어린 시절에 '파리가 붙으면 죽는 끈끈이 종이'를 보고 후일 그 아이디어를 빌려 '바퀴벌레가 달라붙으면 죽는 끈끈이 종이'를 발명하여 7만억 엔 이라는 거액을 벌었다고 합니다.

이처럼 발명의 세계에서는 남의 아이디어를 빌리는 것이 많은 이익을 주기도 합니다. 중요한 것은 단순히 남의 아이디어를 빌리는 것에서 그쳐서는 안 되는 것입니다. 남의 아이디어에서 힌트를 얻어 그 아이디어를 응용하여 좀 더 새롭고 편리하게 발명을 해야 합니다.

또한, 원 발명자에게 폐를 끼쳐서는 안 됩니다. 여기에서 폐의 범위는 특허법에서 규정하고 있습니다. 따라서 발명가가 되려면 특허법에 관한 책을 한두 권쯤 필독하는 것도 좋겠습니다.

8) 재료를 바꾼 발명도 있나요?

대부분의 사람들은 발명을 어렵게 생각하지만, 발명은 알고 보면 너무나 쉽고 재미있습니다.

물건의 재료만을 바꿔도 큰 발명이 될 수 있습니다. '단지 재료만을 바꿨는데?' 하고 의문점을 제기하는 사람도 있겠지만, 그 의문점대로 단지 재료만을 바꾼 것으로도 발명이 되는 것이 사실입니다.

종이컵과 전분 이쑤시개 등 수많은 발명이 재료만을 바꾼 발명품입니다. 장갑도 고무장갑 · 가죽장갑 · 털장갑 · 나일론장갑 · 비닐장갑 · 면장갑 등 여러 재료의 장갑이 있습니다.

마당이나 좁은 골목 어디에서나 흔히 보고 즐길 수 있는 배드민턴이 80여 년 전만 해도 아무나 할 수 없는 고급스포츠에 속했습니다. 배드민턴공의 깃털은 새의 깃털에서 채취하여 그 값이 매우 비쌌기 때문입니다. K는 이것의 재료를 값싼 플라스틱 깃털로 바꿔서 일약 '스포츠용품의 황제'로 불리게 되었습니다.

재료를 바꿀 때는 엉뚱한 것도 좋습니다. 엉뚱한 재료를 생각해서 가장 성공한 예로는 종이컵과 종이음료용기를 들 수 있습니다. 종이는 물에 젖지요. 이 때문에 누구도 종이로 컵과 용기를 만들 생각은 하지 않았습니다. 녹말 이쑤시개도 비슷한 사례이지요.

아무도 생각하지 않는 그런 기발한 아이디어에서 비롯된 발명이야말로 만인의 사랑을 독차지할 수 있습니다. 그러나 무조건 재료를 바꾼다고 발명이 되는 것은 아닙니다. 재료를 바꿈으로써 더욱 편리하고 유용해서 소비자의 사랑을 받을 수 있는 것이라야 성공한 발명이라 할 수 있습니다.

9) 폐품을 이용한 발명도 있나요?

요즘 들어 부쩍 재활용에 대한 관심이 높아지고 있습니다. 발명에서도 이 재활용의 방법은 폭 넓게 이용되고 있습니다.

폐품을 이용하여 발명을 해봅시다. 폐품을 이용한 발명의 기법처럼 쉬운 것도 없습니다. 폐품은 어떤 형태와 기능이든 그 형태와 기능을 유지하고 있기 때문에 창작이 아닌 개선만으로도 목적(발명)을 달성할 수 있습니다. 여기서 가장 중요하게 구별해야 할 것은 폐품은 그대로 사용하면 중고품이고, 개선하면 발명품이라는 사실입니다.

폐품의 활용에는 명석하고 섬세한 두뇌의 회전이 필요합니다. 그 폐품의 성질 또는 기능을 파악하고, 아무리 하찮은 부분도 그냥 지나쳐 버리는 우를 범해서는 안 됩니다. 더할 것은 없는가? 뺄 것은 없는가? 재료를 바꿔볼 필요는 없는가? 용도를 바꿔볼 필요는 없는가? 모양을 바꿔볼 필요는 없는가? 좀 더 크게 해 보거나 작게 해 볼 필요성은 없는가? 등 가능한 한 여러 각도에서 생각해야 합니다. 때로는 미생물의 이용까지도 생각해야 합니다.

선진국으로 손꼽히는 일본은 발명이 그 기반이 되었습니다. 그 중에서도 폐기물을 이용한 발명은 제2차 세계대전 패망 후 일본이 기반을 마련하는데 결정적인 역할을 했습니다.

한 사례를 들어봅니다. 일본도 우리나라처럼 지하자원이 부족했습니다. 그래서 생각해낸 것이 폐기물인 타르(Tar)에서 아닐린(Aniline)을 채취한 것이고, 버린 가죽으로 장갑이나 지갑을 만든 것이었습니다. 지금 생각하면 대수롭지 않은 것 같지만, 이것으로 벌어들인 돈이 적지 않았으며, 이 같은 사례는 수를 헤아리지 못할 정도로 많았습니다.

이 같은 폐품을 이용한 발명은 우리 주변의 작은 생활필수품에서 대그룹 공장의 첨단기술에까지 그 영역을 넓혀 가고 있습니다.

이제 폐품을 단지 폐품으로 볼 것이 아니라, 하나의 발명 대상으로 여기고 주의 깊게 관찰, 개선의 여지를 발견하려는 노력이 필요한 것입니다.

10) 불가능한 발명은 피해야 하나요?

세계의 발명세계는 '발명의 3대 불가능 분야'를 확실하게 기록하고 있습니다.

초보 발명가들에게 실용적이 아닌 꿈같은 이상적인 발명은 금물입니다. 그중에서도 쇳 덩이로 금덩이를 만들겠다는 연금술 계통, 사람이 늙지도 죽지도 않는 불노장생 약의 계통, 영원히 움직이게 하겠다는 영구기관 계통의 발명은 아예 시작조차 하지 않는 것이 현명한 처사라 할 수 있습니다.

이상은 모든 인류의 하나 같은 소망으로, 언젠가 실현될지 모르지만 현실적으로 불가능한 것들이라 할 수 있습니다.

이 3대 불가능 분야에 도전했던 발명가들은 모두 실패했습니다.

나폴레옹은 ‘내 사전에 불가능이란 없다’는 말로 정벌의 역사를 써 나갔지만 우리가 살아가는 현실에서는 불가능한 일이 많습니다.

이에 대처하는 가장 현명한 방법은 불가능한 발명은 하지 않는 것입니다. 설령 불가능한 발명을 하게 되었어도 빨리 불가능임을 인정하고, 다른 발명을 해야 연구비와 시간의 낭비를 줄일 수 있습니다.

발명이란 꿈과 이상이 아닙니다. 반드시 실용적이어야 합니다. 그러나 발명가들이 종종 이것을 지키지 않아 실패하기도 합니다. 불가능한 발명은 개인적으로나 사회적으로나 큰 손실입니다.

발명은 인류의 사회생활에 가치 있는 것으로 아직까지 없던 새로운 기계나 물건을 만들어내는 기술적인 창작입니다. 그러므로 발명은 새롭고, 진보적인 것이며, 산업적인 생산이 가능하고, 생산된 물건이 많은 사람들에게 유익하게 활용되어야 합니다.

그렇다고 꼭 첨단 기술이어야 한다는 것은 아닙니다. 세계적으로 가장 성공한, 쉽게 말해 돈을 가장 많이 번 발명으로 손꼽히는 것 중 상당수가 간단한 아이디어에서 비롯된 것입니다.

철조망, 코카콜라 병, +자 나사못, 쌍소켓, 미키마우스 등이 그것입니다. 이 같은 사례는 수없이 많습니다.

불가능한 발명은 피합시다. 여기서 말하는 것은 창의력을 바탕으로 인류복지를 위한 발명을 말하는 것이 아닙니다. 앞서 말했듯이 실용성이 없는 꿈같이 불가능한 것들입니다.

원시시대에서 문명시대로 접어든 지금까지 발명의 3대 불가능 분야에 도전한 발명가들이 하나같이 패가망신했다는 것을 다시 한 번 기억합시다.

제3장

지금은 지식재산권 시대인가요?

1. 지식재산권보다 큰 재산은 없나요?
2. 발명 · 고안 · 창작이 어떻게 재산이 되나요?

1

지식재산권보다 큰 재산은 없나요?

1) 지식재산권이란 무엇인가요?

한마디로 인간의 정신적 창작물에 관한 권리의 총칭이라고 말할 수 있습니다. 즉 인간의 지식활동으로 얻어진 정신적, 무형적 결과물에 대하여 재산권으로써 보호받는 권리라 말할 수 있습니다.

따라서 지식재산권은 동산과 부동산 등의 유체물에 대한 유체재산권과는 반대되는 인간의 지적 · 정신적 산물, 즉 외형적인 형태가 없는 무체물에 대한 재산권으로 일종의 무체재산권에 속합니다.

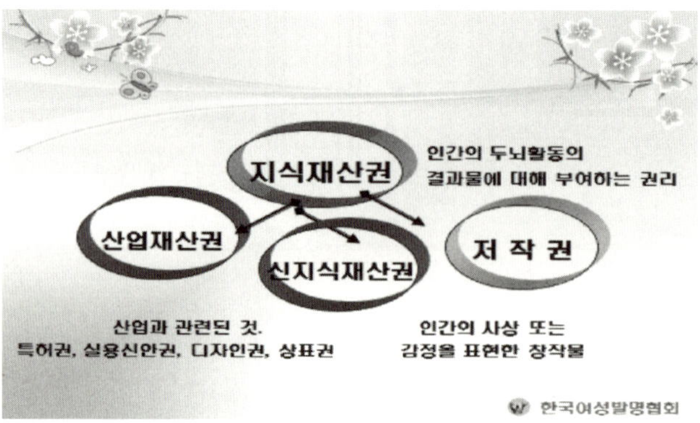

지식재산권제도는 발명가 및 예술가 등 창작자에게 창작물에 대한 독점배타적인 권리를 일정기간 부여함으로써 창작의욕을 고취시키고 창작활동을 장려하여 국가의 산업 및 문화발전을 도모하는데 그 목적이 있습니다.

지식기반사회에서는 기술과 아이디어 등 지식재산이 국가경쟁력을 좌우하므로 선진국들은 지식재산의 보호를 강화하는 등 지식재산권 중시정책을 강력하게 추진하고 있습니다.

한명의 발명가 또는 저작권자가 1백만 명을 먹여 살리는 믿기 어려운 세상이 열린 것입니다.

우리는 이미 수년 전부터 지식이 기반이 되는 세계경제(Global Economy) 시대에 살고 있습니다. 한마디로 지식과 기술이 개인과 기업의 이익은 물론 국가 경제의 성장을 보장하게 된 것입니다.

과거에는 성공의 자원이 토지 · 금 · 석유와 같은 천연자원이었다면 이제는 지식이 가장 고부가가치의 재산권으로 등장한 것입니다. 한 마디로 상품보다는 그 안에 담긴 지식재산권이 더 값진 시대가 열린 것입니다.

이미 오래 전 미국 MIT대학의 써로우(Lester Thurow) 교수는 세계경제 시대의 개인과 기업과 국가의 가장 중요한 생존 전략은 지식의 장악에 있다고 하면서, 지식재산권이 경제의 변두리에서 핵심으로 옮겨왔다고 강조한 바 있습니다.

지식이 부(富)의 원천이 되는 21세기 지식기반경제에서의 부의 창출에 대한 새로운 패러다임은 지식재산권제도를 통하여 비로소 가능하게 된 것입니다. 이러한 시대적인 상황 속에서 세계 각국은 새로운 지식과 기술 개발에 국가의 운명을 걸고 모든 역량을 경주하고 있습니다.

우리나라 역시 세계 일류의 선진국으로 도약하기 위해서는 기존의 지식 및 산업분야는 물론 정보통신과 생명공학 등 이른바 신산업 분야에서 끊임없이 최첨단의 고부가가치 기술을 개발해 나가야할 것입니다.

2) 산업재산권이란 무엇인가요?

산업재산권이란 일반적으로 '특허'라고 부르고 있는 특허권 · 실용신안권 · 디자인권 · 상표권을 포함하여 한꺼번에 부르는 말로 사용되고 있습니다.

산업재산권이라고 하는 말은 처음에 프랑스에서 발명자 및 공예가 또는 저작자의 권리를 모두 합해 정신적 재산권 및 지식재산권이란 뜻으로 사용된 말에서 비롯되었습니다.

산업재산권은 새로운 발명 · 고안에 대하여 그 창작자에게 일정기간 동안 독점배타적인 권리를 부여하는 대신, 이를 일반에게 공개하여야 하며 일정 존속기간이 지나면 누구나 이용 · 실시하도록 함으로써 기술진보와 산업발전을 추구합니다.

그런데 산업재산권은 인간의 머리에서 생겨난 발명과 고안이 권리화 된 것이므로, 그 이름은 산업재산권이라고 하지만 동산이나 부동산처럼 손으로 잡을 수 없는 무체의 재산이기 때문에 무체재산권이라고도 합니다.

권리의 대상이 무체라고 하는 의미에서는 상호권 · 영업권 · 저작권도 같은 무체재산권이므로 산업재산권은 무체재산권의 한 테두리 안에 있는 것이라고 말할 수도 있습니다.

이에 따라 외국에는 저작권까지도 특허청에서 관장하는 국가도 있습니다.

한편 산업재산권은 다른 어떠한 분야보다도 국제성이 강한 제도로서 다른 제도에 비해 국가 간에 제도상의 차이점이 아주 적습니다. 다만 각국의 국익에 따라 약간의 차이점이 있을 뿐입니다. 특히 산업재산권은 출원과 등록에 의해 여러 국가에서 보호를 받을 수 있을 뿐 아니라 국가적 이익을 가져오는 기술의 수출에 있어서 그것이 산업재산권에 의해 뒷받침이 되지 않는 한 단순한 용역수출의 범주를 벗어나지 못하게 됩니다.

우리나라는 아직도 기술의 도입을 위해 해마다 아주 많은 외화를 지불하고 있는 실정입니다. 이처럼 기술의 도입을 위해 그 대가로서 지불하는 로열티(Royalty · 우리말로는 특허권 또는 상표권의 사용료)만 보더라도 산업재산권이 얼마나 중요한 것이라는 것은 쉽게 알 수 있습니다. 따라서 산업재산권의 중요성을 깨닫고, 산업재산권에 관한 지식을 넓혀서 이를 활용할 수 있도록 하는 것이 시급한 과제입니다.

결론적으로 산업재산권이란 국가 산업발전의 기반을 단단히 하는 것이며, 우리나라의 기술과 상품의 국제경쟁력을 실질적으로 키워나가는 지름길이라 할 수 있습니다.

이는 산업재산권의 보호에 일찍부터 관심을 가졌던 국가일수록 기술과 산업이 발전하였고, 반대로 산업이 발전할수록 산업재산권이 중요시되고 있는 것만으로도 입증이 되고 있습니다.

3) 산업재산권은 왜 보호해 주나요?

산업재산권은 일정한 기술적 창작을 한 사람이 그 기술내용을 국가 및 사회에 공개 및 제공하는 대가로 국가는 창작자에게 그 창작 내용을 일정 기간 독점적으로 사용하여 수익할 수 있도록 보장하여 주는데, 이렇게 부여된 권리가 곧 산업재산권입니다.

즉 산업에 이용할 수 있는 새로운 기술적 창작을 하는 데는 많은 정신적 및 육체적 노력과 경비 및 시간이 소요되는데, 이러한 창작기술을 아무런 대가의 제공 없이 공개해야 한다면 새로운 기술개발에 시간과 노력을 소비하려고 할 사람은 많지 않을 것입니다.

따라서 자기의 창작기술을 사회에 공개하여 관련 산업계의 기술의 진보와 향상 그리고 국가산업발전에 기여한 사람을 적극적으로 보호함으로써 기술개발 및 공개를 촉진시킬 필요가 있습니다.

이러한 필요에 따라 국가는 창작자와 국민들이 함께 이익을 받을 수 있도록 창작자에게는 자기의 개발기술을 일정기간 독점적으로 사용하여 기술개발에 소용된 비용과 노력을 그 이상으로 회수할 수 있는 기회를 마련해주고, 일반국민은 산업재산권의 허여를 전후하여 공개된 창작기술을 스스로의 기술개발에 이용할 수 있을 뿐만 아니라, 일정한 기간이 지난 후에는 그 창작기술을 누구나, 아무런 대가의 지불 없이 자유롭게 이용할 수 있도록 하였습니다.

이렇게 창작자와 일반국민을 함께 보호한다는 것이 산업재산권을 보호하는 취지입니다.

다만 상표권은 특허권과 실용신안권 및 디자인권과는 달리 창작에 의해 권리를 받는 것이 아니고 일정한 상표 사용자에게 그 사용 상태를 권리로서 인정하고 독점 사용하도록 하여 타인의 모방과 도용 등을 배제하여 줌으로써 그 상표사용자가 상표를 매개로 구축하는 시장적 지위, 즉 신용을 보호해 주어 업무상의 신용이 유지 및 증진되고 시장질서가 확립되도록 하는 제도입니다.

이처럼 상표의 독점적 사용을 권리로서 보호함으로써 상표사용자는 자기신용의 유지를 위해 자기 상품의 품질을 유지 및 보증해 주게 되며, 그에 따라 일반수요자는 안심하고 상품을 구매할 수 있는 이익이 있고, 부정경쟁의 소지를 없애주어 상품의 유통질서를 안정시켜주고 있습니다. 따라서 간접적으로 좋은 품질의 상품을 만들 수 있도록 기술개발을 촉진시키도록 하는 데에 상표권 보호의 취지가 있다고 할 수 있습니다.

이와 같이 산업재산권은 궁극적으로는 국가산업발전이라는 공익을 추구하는 제도이기 때문에 창작자가 창작기술을 사회와 일반국민에게 공개함으로써 일반인이 받는 이익, 즉 공익과 공개의 대가로 창작자에게 허여하는 독점배타적인 권리인 산업재산권이 서로 균형을 이루도록 배려한다는데 산업재산권제도의 묘미가 있다 할 수 있습니다.

이렇게 산업재산권제도는 특허권자 및 상표권자 등의 개인적인 권리를 보호하여 주는 한편 사회 전체의 공익도 함께 보호하여 주는 것이므로 모든 창작기술이나 상표를 보호하여 주는 것이 아닙니다.

즉 공익을 해치거나 특정인에게 독점시키는 것이 바람직하지 않다고 인정되는 것은 산업재산권을 허여하지 않거나 그 권리를 국가가 수용할 수 있도록 되어 있고 산업재산권이 주어지더라도 그 효력이 미치지 않는 범위를 법으로 규정하여 둠으로써 공익과 사익의 조화를 꾀하고 있습니다.

예를 들면 특허권 및 실용신안권 또는 디자인권의 대상인 창작이라도 영리적인 목적이 아닌 가사용으로 사용하면 특허권의 권리가 미치지 아니하는 것이라든가, 타인의 등록상표라고 하더라도 자기의 성명이나 상호에 사용하면 부정경쟁의 목적이 없는 한 상표권의 효력이 미치지 않도록 되어있는 것 등이 그것입니다.

4) 산업재산권의 종류에는 어떤 것이 있나요?

산업재산권은 특허, 실용신안, 디자인, 상표로 구분됩니다.

특허란 특허법상 자연법칙을 이용한 기술적 사상의 창작으로서 고도한 것을 일컫는 발명에 대하여 법령에 의한 심사를 거쳐 독점 배타적인 권리를 부여하는 것을 말합니다.

예를 들면 전자를 응용하여 처음으로 전화기를 생각해낸 것과 같이 기술적 수준이 고도한 것이라야 특허를 받을 수 있으며, 특허를 받은 사람은 설정등록 후 출원일로부터 20년간 그 권리를 독점적으로 행사할 수 있습니다.

실용신안이란 실용신안법상 자연법칙을 이용한 기술적 사상의 창작인 고안을 말하며, 이미 발명된 것을 개량하여 보다 더 편리하고 유용하게 쓸 수 있도록 구조나 형상을 새로 고안해 내는 것을 말합니다.

예를 들면 전화기에서 따로 떨어져있던 송화기와 수화기를 함께 붙여 편리하게 쓸 수 있도록 개량하는 것과 같이 고안이 새롭고 진보성이 있어야 합니다. 이 실용신안등록을 받은 사람은 설정 등록 후 출원일로부터 10년 동안 그 권리를 독점적으로 행사할 수 있으며,

이는 특허보다 기술적 수준이 낮은 것으로 실용신안을 소발명이라고도 합니다.

디자인이란 물품의 형상, 모양이나 색채 또는 이들을 결합한 것으로서 시각을 통하여 아름다움을 일으키게 하는 것을 말합니다.

예를 들면 탁상전화기를 반구형이나 네모꼴로 한 것과 같이 물품의 외관에 대한 형상이나 모양 또는 색채에 관한 디자인을 말하며, 디자인등록을 받은 사람은 설정 등록 후 출원일일로부터 20년간 그 권리를 독점적으로 행사할 수 있습니다.

상표라 함은 상품을 업으로써 생산 · 제조 · 가공 · 증명 또는 판매하는 자가 자기의 상품을 타 업자의 상품과 식별시키기 위하여 사용하는 기호, 문자, 도형, 입체적 형상, 색채, 홀로그램, 동작 또는 이들의 결합, 소리와 냄새 등 시각적으로 인식할 수 없는 것 중 기호 · 문자 · 도형 또는 그 밖의 시각적인 방법으로 사실적으로 표현한 것을 말합니다.

또한 서비스업을 하는 자가 자기의 서비스업을 타인의 서비스업과 식별시키기 위해 사용하는 서비스표와 법인이 그 감독 하에 있는 단체원에게 영업에 관한 상품상호를 상품의 출처표시나 영업표시를 위하여 사용할 때에는 상표로 등록할 수 있는데, 이것을 상호상표하고 합니다.

상표등록을 받은 사람은 그 상표를 10년 동안 독점적으로 사용할 수 있으며, 또한 10년마다 갱신할 수 있는 반영구적인 권리입니다.

5) 특허와 Know-How는 어떻게 다른가요?

특허와 Know-How란 무엇일까요?

특허란 발명을 보호·장려하고 기술의 진보발전을 도모하여 궁극적으로는 국가산업발전에 기여하게 하기 위하여 기술을 공개하는 대가로 발명자에게 일정기간동안 독점배타적인 권리를 부여하는 것을 말하고, Know-How란 산업상 실제로 이용할 수 있는 기술적 사상의 창작 또는 이를 실시하는데 필요한 구체적인 기술적 지식, 자료, 경험으로 이를 창작 · 개발 · 제작 또는 체득한 자(전수받은 자 포함)가 현재 비밀로 하고 있는 것을 말합니다.

그 차이점으로는

첫째, 특허는 발명내용을 일반에게 공개함으로서 비로소 권리가 부여되지만, Know-How는 비밀을 지키는 것이 그 생명이라는 점.

둘째, 특허는 특허요건을 반드시 구비해야 하지만, Know-How는 특허요건을 구비하지 않은 것도 있다는 점.

셋째, 특허는 독점배타적으로 타인의 실시를 배제하지만 Know-How는 배타성이 없으므로 제3자에게 독점권을 주장할 수 없다는 점.

넷째, 특허는 존속기간이 설정 등록 후 출원일로부터 20년으로 정해져 있지만, Know-How는 비밀을 유지하기만 하면 존속기간의 제한이 없다는 점 등을 들 수 있습니다.

6) 직무발명이란 무엇인가요?

회사에 근무하는 사원이 근무 중에 직무와 관련하여 발명을 하였을 경우 이 발명이 회사의 업무범위에 속하는 경우에만 직무발명으로 취급하여, 미리 예약승계의 특약이 있을 경우 그 권리는 회사에 귀속되며 회사는 그 대가로 발명자인 사원에게 상당한 보상금을 지급하도록 되어 있습니다.

근무 중에 한 발명이라도 사원의 업무와 관련이 없거나 회사의 업무법위에 속하는 업무발명과 회사의 업무범위에 전혀 속하지 않는 자유발명은 사원이 임의로 처분할 수 있도록 되어 있습니다.

직무발명인 경우 발명자가 받을 수 있는 보상금에 대하여는 회사의 직무발명 보상규정 및 사규에 규정되어 있으며, 지급되는 보상금의 내용은 다음과 같습니다.

(1) 특허출원을 하였을 때 발명을 창작한 노고를 참작하여 지급하는 출원보상.
(2) 발명이 등록되었을 때 그 발명의 우수성 및 회사내외에서의 활용 가치 등을 참작하여 지급하는 등록보상.
(3) 등록된 발명을 실시하는 경우 그 활용의 실적에 따라 지급하는 실적보상.
(4) 등록된 발명을 회사가 처분하였을 경우 그 특허권의 내용 및 수익금을 참작하여 지급하는 처분보상.

2

발명 · 고안 · 창작이 어떻게 재산이 되나요?

1) 특허(등록)는 누가 받을 수 있나요?

특허, 실용신안, 디자인의 경우부터 알아보지요.

발명(고안)을 한 자 또는 그 승계인은 개인이나 법인을 막론하고 특허법 등에 정하여진 바에 따라 특허(등록)를 받을 수 있는 권리를 가지며, 2인 이상이 공동으로 발명(고안)한 때에는 특허(등록)를 받을 수 있는 자의 자격조건을 규정하고 있습니다.

특허(등록)를 받을 수 있는 권리는 양도가 가능한 재산권에 속하므로 당사자 간의 계약에 의거 발명(고안)자로부터 발명(고안)을 양도받은 양수인도 특허를 받을 수 있는 권리를 가지며, 2인 이상이 공동으로 발명(고안)을 한 때에는 특허(등록)를 받을 수 있는 권리는 공유입니다.

만약, 타인의 발명(고안)을 모인한 자(훔친 자) 또는 특허(등록)를 받을 권리가 없는 자에게 특허(등록)가 허여된 경우에는 심판에 의하여 그 특허(등록)권을 무효로 할 수 있습니다.

또 상표의 경우는 국내에서 상표를 사용하는 자 또는 사용하고자 하는 자는 자기의 상표를 등록받을 수 있습니다.

상표는 발명(고안)과 같은 기술이 아니므로 출원 전 사용여부에 관계없이 동일한 상표에 대하여는 최선 출원자만이 등록을 받을 수 있습니다.

간단하게 도표로 알아보면 다음과 같습니다.

특 허	발명을 한 자 또는 그 승계인
실 용 신 안	고안을 한 자 또는 그 승계인
디 자 인	디자인을 창작한 자 또는 그 승계인
상 표	국내에서 상표를 사용하는 자 또는 사용하고자 하는 자

2) 어떤 발명이 특허를 받을 수 있나요?

발명이란 무엇이며, 발견과는 어떻게 다를까요? 또 발명 중에도 어떠한 발명이 특허를 받을 수 있을까요?

발명과 발견은 다함께 새로운 것을 인간사회에 하나의 지식 식견으로써 소개되는 것이며, 자연법칙을 이용하는 점에서는 공통점을 지니고 있습니다. 또한 발견에 의해 많은 발명이 이루어지고 있고, 발명이 발견을 촉진하는 사례도 적지 않아 양자는 매우 밀접한 관계에 있다고 말할 수 있습니다.

그러나 발견이라는 것은 그 대상이 이전부터 이미 존재하고 있는 것을 맨 처음 찾아내는 것이고, 발명이라는 것은 그것이 만들어지기 전에는 존재하지 않은 새로운 창작이라는 점에 양자는 본질적인 차이가 있습니다.

특허를 받을 수 있는 발명이란 산업상 이용할 수 있는 것으로서 신규하고 진보성이 있는 발명이어야 합니다.

여기에서 산업상 이용할 수 있는 것이라 함은, 공업은 물론 농업, 광업, 수산업 등에서 생산 혹은 이용될 수 있는 발명을 말하며, 특허출원 전에 국내에서 공지되었거나 공연히 실시된 발명과 같지 아니하고 출원 전에 국내 또는 국외에서 반포된 간행물에 게재된 발명과 같지 아니하면 신규한 발명으로 보며, 위의 발명들로부터 통상의 기술을 가진 자가 쉽게 발명할 수 없는 것이면 진보성이 있는 발명이 됩니다.

그러나 이러한 발명이라 하더라도 산업정책이나 공익적인 면 등을 고려하여 공공의 질서 또는 선량한 풍속을 문란하게 하거나 공중의 위생을 해할 우려가 있는 발명의 경우에는 특허의 대상에서 제외하고 있습니다.

3) 어떤 고안이 실용신안과 디자인을 받을 수 있나요?

실용신안등록을 받을 수 있는 고안이란 산업상 이용할 수 있는 물품의 형상 · 구조 또는 결합에 관한 고안으로서 신규성 및 진보성이 있어야 합니다.

여기에서 '형상'이라함은 선이나 면으로 표현되는 외형적 형체로서 연필의 육각형, 자동차의 유선형 등이 형상에 관한 예라 할 수 있으며, '구조'라 함은 공간적, 입체적으로 조립 · 구성된 것으로 외관만이 아니라 내부적 및 단면적인 구성 등을 포괄하는 것으로서 각종 기계장치, 건축용의 적층 판재 등이 이에 속하는 고안이라 할 수 있고, '조합'이란 2이상의 독립된 물품을 상호 기능적으로 결합하여 하나의 물품을 구성함으로써 각기 독립된 물품이 갖는 기능상의 효용가치 이상의 물품으로 구성한 것으로서 지우개가 달린 연필, 손톱갈이를 갖는 손톱 깍기 등을 예로 들 수 있습니다.

하지만 위 조건을 만족한 고안이라 하더라도 국기 또는 훈장과 동일하거나 유사한 고안 및 공공질서 또는 선량한 풍속을 문란하게 하거나 공중의 위생을 해할 염려가 있는 고안은 실용신안등록을 받을 수 없습니다.

또, 디자인등록을 받을 수 있는 디자인이란 디자인으로서의 등록요건을 갖춘 것을 말합니다.

여기서 등록요건이란 거래대상이 되는 물품으로서 공업상이용가능성과 신규성 및 창작성을 지닌 디자인을 말합니다. 공업상이용가능성이란 디자인을 구체적으로 구성하는 것으로 다량생산이 가능한 것을 말합니다.

신규성이란 출원 전에 국내에서 공지되었거나 공연히 실시되지 아니 하였고 출원 전에 국내외에서 반포된 간행물에 기재되어 있지 않은 디자인 및 그 디자인들과 유사하지 아니한 것을 말합니다.

창작성이란 출원 전에 그 디자인이 속하는 분야에서 통상의 지식을 가진 자가 국내에서 공지되었거나 공연히 실시된 디자인과 국내외에서 반포된 간행물에 기재된 디자인에 의하여 쉽게 창작할 수 없는 디자인을 말합니다.

위 조건이 만족하는 경우라도 다음 사항에 해당하는 디자인은 등록을 받을 수 없습니다.

① 국기, 국장 등 또는 국제기구 등의 문자나 표지와 동일 또는 유사한 디자인.

② 공공의 질서나 선량한 풍속을 문란하게 할 염려가 있는 디자인.

③ 타인의 업무와 관련되는 물품과 혼동을 가져올 염려가 있는 디자인.

4) 특허출원은 어떻게 하나요?

특허출원 시 갖추어야 할 서류는 무엇일까요?

발명에 대하여 특허를 받고자 하는 자 또는 그 승계인은 일정형식의 출원서와 기타의 첨부서류를 특허청장에게 제출하여야 합니다.

따라서 발명자가 직접 출원하는 경우에는 출원서에 명세서 및 도면을 첨부하여 제출하면 됩니다.

이때 도면이 발명의 설명에 필요치 아니한 경우에는 도면첨부를 생략할 수도 있습니다. 그리고 출원인이 당해 출원의 발명자가 아닌 경우에는 상기 서류 외에 발명자로부터 특허 받을 수 있는 권리를 양도받은 것을 증명하는 서류가 필요하고, 대리인이 있는 경우에는 출원절차를 위임하는 위임장이 필요하며, 출원인이 법인인 경우에는 법인증명 서류를 제출해야 합니다.

5) 우선심사신청이란 무엇인가요?

본래 심사의 순서는 심사청구순서에 의합니다. 그러나 심사의 순서를 기계적으로만 적용하는 경우 심사의 진행이 늦어져 공공의 이익과 출원인의 이익보호가 미흡해지는 결과가 될 수 있어, 일정 요건에 해당하는 경우 우선 심사를 신청할 수 있게 하였습니다.

우선, 출원공개 후 특허 출원인이 아닌 자가 업으로서 특허출원 발명을 실시하고 있다고 인정되는 경우에는 우선 심사를 신청할 수 있습니다. 이미 타인이 실시하고 있는 경우로서 신속한 심사를 통해 권리구제를 하거나 자유발명여부를 판가름하게 됩니다. 신청인은 본 신청사유를 설명하면서 증빙할 수 있는 서류로서 침해경고장 등을 제출해야 합니다.

또한, 대통령령령으로 정하는 긴급하게 처리할 필요가 있는 특허출원인 경우에도 우선 심사를 신청할 수 있습니다. 예를 들자면, 방위산업분야 또는 녹색기술 관련 분야의 출원, 국가 또는 지방자치단체의 직무에 관한 출원, 벤처기업확인 받은 기업의 출원, 이노비즈인증 받은 기업의 출원, 직무발명보상 우수기업의 출원, 이미 업으로 실시중이거나 실시준비중인 출원, 전자상거래 관련 출원 등의 여러 가지 사유가 정해져 있습니다. 실제로 이 중에서 기업의 경우는 벤처기업확인 또는 인노비즈인증을 받은 경우가 가장 많고, 실시중이거나 실시준비중이라는 사유로 신청하려면 관련 실시계약서 등을 첨부하여 증명해야 합니다.

이들 나열된 사유에 해당하지 않는 경우에는, 법으로 지정된 전문기관에 선행기술의 조사를 의뢰하여 우선 심사신청 할 수도 있습니다.

통상 심사에 걸리는 기간은 특허청의 내부사정에 따라 달라지는데, 현재는 심사청구 후 첫 심사결과를 받기까지 1년가량 걸리고 있습니다. 우선 심사청구한 경우 대략 첫 심사결과를 받기까지 4개월여 소요되도록 단축할 수 있습니다. 첫 심사결과란 등록결정일 수도 있지만 대개의 경우 의견제출 통지를 받게 되므로, 출원시 심사청구를 하고 직후에 우선 심사를 신청하여 최대한 서두른다 하여도 실제 등록결정까지는 8개월 이상 소요되는 것이 보통입니다.

우선 심사는 예외적인 경우만 허용하는 것으로서, 무분별한 신청을 막기 위해 이례적으로 비싼 관납료를 내야하고 그 누구도 감면이나 면제되지 않습니다.

6) 해외출원은 어떻게 하나요?

우리나라 국민이 해외 각국에서 특허를 출원하는 방법은 아래의 세 가지가 있습니다.

(1) 해외 각 나라마다 출원

속지주의 원칙에 의해, 어느 발명에 대해 특허권을 취득하기 위해서는, 그 발명에 관한 특허출원을 해외 각 나라마다 해야 하고, 각 나라마다 그 나라 특허법에서 규정하는 심사절차에 의해 심사받고 등록받아야 합니다. 즉 해외출원을 하는 첫 번 째 방법은 각 나라마다 별개로 출원하는 것입니다.

(2) 조약우선권주장에 의한 해외출원

그런데, 각 나라마다 출원하려면, 그 나라의 언어로 명세서를 번역하고 각 나라마다 요구하는 서류를 제출하는 등 시간과 노력이 아주 많이 듭니다. 특히 심각한 문제는 동시에 해외 모든 나라에 출원하는 것이 현실적으로 불가능하기 때문에 출원일이 제각각인 문제가 발생한다는 점입니다. 출원일의 인정은 심사받는 과정에서 등록 여부를 좌지우지할 매우 중요한 요소이므로, 발명자의 이러한 불편과 불리함을 최소화하고자 파리조약에 의한 조약우선권제도를 두고 있습니다.

즉 해외출원을 하는 두 번째 방법은 각 나라마다 별개로 출원하되 조약우선권주장을 하여 출원일을 소급 받는 것입니다.

(3) 국제출원(PCT출원)

하지만, 조약우선권주장을 활용해도 출원일을 소급 받을 수 있을 뿐, 각 나라마다 출원서와 명세서를 제출해야 하는 절차적인 번거로움은 여전히 남아 있습니다. 게다가 우선권이 인정되는 기간이 1년뿐인데, 어느 나라에 출원할지 판단하기에는 너무 짧다는 문제가 제기되었습니다.

이에 각국은 1970년 워싱턴 외교회의에서 특허협력조약(Patent Cooperation Treaty)을 채택하였습니다. 특허협력조약(PCT)은 국제적으로 특허 받는 절차를 간소화하고, 출원인이 돈 많이 드는 해외에서의 출원절차를 진행하기 전에 충분한 기간을 가지고 판단할 수 있게 하는 제도적인 내용을 담고 있습니다.

우선, 세계지식재산권기구(World Intellectual Property Organization, 스위스 제네바에 위치)에 국제사무국(International Bureau)을 두고, 특허협력조약 체약국의 거주자와 국민은 국제출원(PCT출원)을 할 수 있게 하였습니다. 국제출원은 국제사무국에 직접 할 수도 있고, 대신 출원을 수리하는 수리관청(대한민국 특허청 포함)에 할 수도 있습니다.

국제출원은 10개의 지정된 언어로만 할 수 있는데, 이에는 한국어도 포함되어 있어, 우리나라 출원인은 국문으로 명세서를 작성하여 간편하게 국제 출원할 수 있습니다.

국제사무국은 국제출원을 들고 있다가, 31개월 후에 모든 체약국 특허청에 일제히 국제출원서를 송부합니다. 국제출원인은 이 때, 자신이 특허절차를 진행하고자 하는 국가를 택하여 심사절차를 진행하면 됩니다.

조약우선권에 의한 해외출원의 경우와 비교해보면, 31개월의 기간을 두고 어느 나라에서 특허를 시도할 것인지 선택할 수 있다는 기간의 장점이 있고, 각 나라마다 출원절차를 반복하지 않아도 된다는 장점이 있습니다. 그 외에 각 나라마다 제각각의 심사절차를 거쳐 등록받는 단계는 다르지 않습니다.

대신, PCT제도는 31개월의 기간 동안 특허출원인에게 여러 가지 유용한 제도를 활용할 수 있게 하고 있습니다. 해당 특허가 각 나라에서 어느 정도 등록가능성이 있을지에 대한 실질적인 정보를 제공하여, 각 나라에서의 심사진행여부를 판단할 수 있게 돕고 있습니다.

실제로 모든 국제출원의 출원인은 국제조사기관에서 특허성에 관해 작성한 조사보고서와 견해서를 받아보게 됩니다. 이 조사보고서와 견해서는 각 나라에서 심사될 때 그 나라 심사관이 참고하는 자료가 되므로, 출원인은 이를 먼저 확인함으로써 각 나라에서의 심사결과를 대략 가늠해볼 수 있습니다.

더 나아가 출원인이 원하면 국제예비심사를 국제단계에서 진행하기도 합니다. 그리고 조사보고서 또는 국제예비심사를 토대로 각 나라에 진입하기 전에 특허를 다듬어두기 위해 출원인이 국제특허를 보정할 수 있는 절차도 마련해 두고 있습니다.

국제출원(PCT출원)은 국제적으로 효력이 있는 하나의 국제특허를 등록하기 위한 절차가 아니라, 해외각국에서의 출원절차를 간편하게 하고, 그 과정에서 출원인이 기간과 비용에서 이익이 되도록 마련된 절차입니다. 따라서 해외 출원할 국가가 이미 확정적으로 정해져 있거나, 2~3개국 미만인 경우에는 조약우선권주장에 의한 해외출원이 유리할 수 있습니다.

7) 특허와 실용신안 심사는 어떻게 이루어지나요?

특허와 실용신안의 심사는 방식심사 → 공개 → 실체심사 → 등록공고 → 이의신청 순으로 이루어집니다.

(1) 방식심사

출원의 주체, 법령이 정한 방식상의 요건 등 절차의 흠결유무를 점검하는 것으로 방식심사의 결과 절차의 하자가 있을 때는 보정을 명하고 보정으로도 그 하자를 치유할 수 없는 경우는 무효처분을 합니다.

(2) 공 개

출원공개는 특허출원에 대하여 그 출원일(우선권을 주장하고 있는 출원은 그 우선권 주장의 기초가 되는 출원일)로부터 1년 6개월이 경과한 때 또는 출원인의 신청(조기공개 신청)이 있는 때에 기술내용을 일반인에게 공개합니다.

출원공개의 효과는 보상금청구권 발생(단, 무단실시자에게 사전 경고를 하여야 함)한다는 것입니다.

(3) 실체심사

심사결과 특허사정서나 거절 사정서를 출원인에게 통지합니다.

(4) 등록공고

심사결과 특허사정이 되면 특허권을 설정등록하고, 그 내용을 일반인에게 공표합니다.

(5) 이의신청

등록공고일로부터 3개월 이내에 누구라도 등록된 특허권에 대하여 이의신청이 가능합니다.

8) 디자인심사는 어떻게 이루어지나요?

디자인심사는 디자인심사등록출원의 경우와 디자인일부심사등록출원의 경우로 분류되어 처리됩니다.

디자인심사등록출원의 경우 출원서가 접수되면 일정 방식심사 후 담당심사관이 출원순서에 따라 실체심사를 실시하고 심사결과 거절이유를 발견할 수 없을 때에는 등록사정이 되며, 출원인은 등록료를 납부하여 디자인등록 절차를 밟습니다.

거절이유 발견 시는 그 이유를 출원인에게 통보하고 기간을 정하여 의견을 청취 후 등록사정 여부를 결정합니다.

디자인일부심사등록출원의 경우 방식심사를 거쳐 등록사정이 되고 출원인이 등록료를 납부하여 디자인 등록을 하면 특허청은 등록공고를 합니다.

등록공고일로부터 3개월 이내에 누구나 공고된 디자인 출원에 대하여 이의신청이 가능합니다. 디자인일부심사등록출원의 경우에는 출원공개제도가 없습니다.

한편 디자인은 특허나 실용신안과 달리 특유의 제도가 있습니다. 관련디자인제도, 한 벌 물품 디자인제도, 비밀 디자인제도, 디자인일부심사등록제도, 복수디자인등록출원제도, 부분디자인제도, 동적디자인제도 등이 바로 그것입니다.

(1) 관련디자인제도

디자인은 기본디자인이 창작된 이후에 이를 기초로 한 여러 가지 변형디자인이 계속 창작되는 특성이 있습니다.

또한 디자인권은 타인의 모방·도용이 용이하나, 그 유사범위는 추상적이고 불명확함에 따라 미리 유사범위 내의 유사디자인을 등록받아 침해·모방을 미연에 방지할 필요성이 있습니다.

따라서 자기가 등록 또는 출원한 기본디자인의 변형된 유사한 디자인을 '관련디자인'이라는 이름으로 등록받을 수 있도록 하는 제도를 두고 있습니다.

기존에는 '유사디자인'이라는 명칭의 제도를 두고 있었으나, 2014년 7월 1일 시행 법률에서는 '유사디자인'을 '관련디자인'으로 바꾸고, 기본디자인으로부터 독립성을 강화하였습니다.

따라서 관련디자인권은 기본디자인의 디자인권이 무효심결 확정되거나, 포기, 취소결정 등의 사유로 소멸한 경우라도 유효성에 영향을 받지 않습니다. 다만, 관련디자인은 기본디자인의 존속기간만료일에 소멸합니다.

(2) 한 벌 물품 디자인제도

디자인법은 출원대상을 명확히 하여 심사처리의 신속을 도모함과 동시에 권리범위를 명확화하기 위하여 하나의 물품은 독립된 하나의 출원이 되어야 한다는 1디자인 1출원주의를 취하고 있습니다.

그러나 예외적으로 상 관습상 한 벌로 판매되고, 한 벌로 사용되는 물품으로서 전체적인 통일성이 있는 경우에는, 하나의 출원으로 심사·등록할 수 있도록 한 벌 물품 디자인제도를 두고 있습니다.

즉 끽연용구 세트, 차 세트, 화채용 세트, 수저세트, 나이프·포크 및 스푼세트, 반상기 세트 등이 그 대상입니다.

(3) 비밀디자인제도

디자인은 모방이 용이하고 유행성이 강하므로 디자인권자가 아직 사업실시 준비가 완료되지 않은 상황에서 디자인이 공개되는 경우에는 곤란한 경우가 있습니다.

타인이 금방 그 디자인을 흉내 내어 모방품을 판매할 수 있기 때문입니다. 따라서 디자인출원인의 신청이 있는 경우에는 디자인권 설정등록일로부터 3년 이내의 기간에서 이를 공고하지 아니하고 비밀상태로 둘 수 있도록 하는 제도입니다.

비밀디자인 청구 시기는 출원인의 사정변경 등에 탄력적으로 대응할 수 있도록 출원 시는 물론 최초디자인등록료 납부 시까지 청구할 수 있습니다.

(4) 디자인일부심사 등록제도

디자인일부심사등록제도는 직물지, 벽지, 합성수지 등 제품의 특성상 유행성이 강하고 라이프사이클이 짧은 품목에 대하여서는 방식요건 등 일부의 심사요건만 심사하여 등록함으로써 현행의 방식요건 및 신규성, 창작성 등 실체적 요건심사에 소요되는 기간을 대폭 줄일 수 있는 효과가 있는 제도입니다.

위에서 지정된 유행성이 강한 물품 등에 대하여 신속한 권리화를 도모하고자 디자인무심사등록출원이 시행되고 있었는데, '무심사'라는 용어가 마치 전혀 심사를 하지 않는다는 오해를 조장하는 등의 문제가 있어, 2014년 7월 1일 시행법에서 디자인일부심사등록출원으로 명칭을 변경하였습니다.

등록 후 3개월 이내에 누구든지 당해 디자인등록이 부실권리임을 이유로 특허청에 이의신청을 할 수 있습니다.

이의신청이 이유 있다고 인정될 때에는 심사관 3인의 합의체의 결정으로 등록디자인권을 취소할 수 있도록 하고 있습니다.

(5) 복수디자인 등록출원제도

현행법상 1디자인은 반드시 독립된 1개의 출원서로 출원하여야 하나, 같은 물품류에 속하는 물품에 대해서는 100개 이내의 디자인을 1출원서로 출원할 수 있게 하여 출원절차를 대폭 간소화하며, 출원료 등 비용부담을 경감하여 주는 제도입니다.

복수디자인등록출원을 하는 경우에는 1디자인마다 분리하여 표현하여야 합니다.

(6) 부분디자인제도

물품의 일부분에 대해서도 디자인등록을 해주는 말합니다. 물품의 부분에 대한 디자인이라도 '디자인의 대상이 되는 물품'은 물품 자체의 명칭을 기재하여야 합니다. 예를 들면 지팡이의 손잡이라 해도 물품명은 '지팡이'라고 기재합니다.

(7) 동적디자인제도

창작의 요점이 물품 자체의 특별한 기능에 기초하여 그 형태가 변화하고, 그 변화가 시각에 의해 확인되고, 그 변화의 상태를 쉽게 예측할 수 있는 디자인을 말합니다.

예를 들면 펼치면 꽃이 나오는 카드를 들 수 있습니다. 따라서 꽃의 동작 변화를 도면으로 첨부하면 됩니다.

9) 상표심사는 어떻게 이루어지나요?

상표는 일정한 방식심사 후 담당심사관이 출원순서에 따라 심사합니다. 심사결과 거절이유를 발견하지 못하였을 때에는 출원공고 결정을 하고 공고합니다. 다만, 일정한 경우에는 공고결정을 생략할 수 있습니다.

심사결과 거절이유 발견 시에는 그 이유를 출원인에게 통보하고, 기간을 정하여 의견서 제출의 기회를 주어야 합니다.

특허청장은 출원공고가 있는 날로부터 출원서류 및 부속서류를 특허청에서 공중의 열람에 제공합니다. 이 때 누구든지 공고일로부터 2개월 이내에 공고된 상표에 대하여 이의신청을 할 수 있습니다. 심사관은 이 기간 중 제3자로부터 이의신청이 있을 때에는 출원인과 이의신청인의 의견을 들어 이의의 성립 여부를 결정하여야합니다. 이러한 절차 후에 최종적으로 등록결정을 받게 되면 상표등록 절차를 밟게 됩니다.

상표권의 설정등록을 받고자 하는 자는 상표 등록료를 상표등록 결정 등본을 받은 날로부터 30일 내에 납부하여야 하고, 10년분 전액을 일시불로 납부하거나 2회에 걸쳐 분할 납부할 수도 있습니다.

상표권은 설정등록에 의하여 발생합니다. 상표권의 존속기간은 설정등록이 있는 날로부터 10년간입니다. 다만, 계속 갱신할 수가 있으므로 이러한 존속기간갱신등록출원에 의하여 상표권은 반영구적인 효력이 있습니다.

갱신등록출원은 존속기간만료 전 1년 이내에 하여야 합니다. 만약, 이 갱신 기회를 놓친 경우에도 6개월의 유예기간이 주어지며, 이 경우에는 수수료에 가산금이 붙습니다.

한편 상표도 디자인처럼 특유의 제도가 있습니다. 존속기간갱신등록제도와 지정상품 추가등록제도가 바로 그것입니다.

(1) 존속기간갱신등록제도

상표권의 존속기간은 계속 갱신할 수가 있으므로 반영구적입니다. 갱신등록출원은 존속기간만료 전 1년 내에 하여야 합니다.

상표권이 공유인 경우에는 공유자 전원이 공동으로 갱신출원하여야 합니다. 등록상표의 지정상품이 2 이상의 상품으로 되어 있는 경우에는, 분할하여 상표권의 존속기간갱신등록출원을 할 수 있습니다.

상표권의 존속기간갱신등록출원이 2 이상의 상품을 지정상품으로 하여 출원된 경우에는 보정을 할 수 있는 기간 내에 2 이상의 상표권의 존속기간갱신등록출원으로 분할할 수 있습니다.

(2) 지정상품 추가등록제도

지정상품의 추가등록제도란 상표권자 등록출원의 지정상품을 추가하여 지정상품의 추가등록을 받을 수 있는 것을 말합니다.

만약, 추가등록출원이 거절되더라도 원래의 등록상표나 상표등록출원에는 아무런 영향을 미치지 않습니다.

출원인은 출원 또는 등록 후에 지정상품을 추가등록하고 싶은 경우가 있습니다. 즉 출원인의 결정변화에 따라 지정상품의 범위를 확대할 필요가 있을 때 상표권의 권리범위를 확장할 수 있도록 함으로써 상표권자의 이익을 보호하고자 합니다.

10) 등록결정 및 설정등록은 어떻게 하나요?

심사결과 특허결정이 되면 출원인은 등록료를 납부해야 하고, 이로써 특허권이 설정 등록되면 그 때부터 독점배타권이 발생합니다.

(1) 등록공고

심사결과 특허결정이 되면 특허청장은 특허권을 설정등록하고 그 내용을 3개월간 일반인에게 공표합니다. 다만, 비밀취급을 요하는 특허발명에 대하여는 비밀취급의 해제 시까지 등록공고를 보류하여야 하며, 그 비밀취급이 해제된 때에는 지체 없이 등록공고를 하여야 합니다.

특허청장은 등록공고가 있는 날부터 3개월간 출원서류 및 그 부속물건을 공중의 열람에 제공하여야 합니다.

(2) 특허권등록

등록료를 납부하면 특허권이 등록되고, 이때부터 독점배타적인 권리가 발생됩니다.

특허권의 존속기간은 특허권이 설정 등록된 날로부터 특허출원일 후 20년이 되는 날까지 입니다. 다만, 2012년부터는 한미 FTA 합의사항을 반영하여 행정절차에 의해 설정등록이 과도하게 늦어진 경우에는 '등록지연에 따른 특허권의 존속기간 연장'을 신청할 수 있도록 하였습니다.

(3) 등록절차

특허결정을 받은 자는 결정등본을 받은 날로부터 3개월 내에 최초 3년분의 특허료를 일시에 납부하여야 하고, 그 이후에는 매1년마다 특허료를 납부하여 특허를 유지합니다.

특허료 납부기간이 경과하면 특허권은 소멸하는데, 만약 6개월의 추가납부기간 내에 2배의 금액을 납부하여 회복할 수도 있습니다.

제4장

발명특허는 황금알을 낳나요?

1. 입는 옷도 발명인가요?
2. 먹는 음식도 발명인가요?
3. 집안의 구조도 발명인가요?
4. 사무용품도 발명인가요?
5. 가전제품도 발명인가요?
6. 의약품도 발명인가요?
7. 의료용품도 발명인가요?
8. 스포츠용품도 발명인가요?

1

입는 옷도 발명인가요?

1) 청바지는 어떻게 발명되었나요?

국경과 세대를 초월하여 젊음의 상징으로 자리 잡은 청바지는 언제, 누가, 어떻게 발명했을까요?

발명가는 천막 천 판매업자였던 미국인 리바이 스트라우스입니다. 스트라우스는 리바이스(Levi's) 브랜드를 창안하기도 했습니다.

1829년 독일 남부 바바리아 출신의 스트라우스는 1847년 미국에서의 성공을 꿈꾸며 뉴욕을 찾았습니다. 당시 그의 형은 뉴욕에서 의류관련 사업을 하고 있었으며, 스트라우스는 형의 사업을 돕는 것으로 미국 생활을 시작했습니다.

24세가 되던 해에는 새로운 시장창출을 위해 서부 개척시대의 메카였던 샌프란시스코로 이사를 했습니다.

당시 샌프란시스코에서는 많은 양의 금이 생산되었습니다. 자연히 금을 캐려고 모여드는 사람들로 이른바 골드러시를 이루었고, 전 지역이 그들이 묵는 천막이었습니다.

당연히 스트라우스가 들고 온 사업 밑천은 천막 천이었습니다. 스트라우스는 천막 천을 판매하는 동시에 천막도 만들어 팔았습니다. 다른 업자에 비해 천막 천을 싸게 구입할 수 있어 많은 돈도 벌 수 있었습니다. 문제는 이것이 화근이었습니다. 더 많은 돈을 벌 요량으로 군납용 천막을 대량으로 생산했습니다가 그만 납품이 막혀 버리는 바람에 하루아침에 부도가 나버린 것입니다.

산더미처럼 쌓인 천막이 팔리지 않자 빚 독촉이 심해졌고, 직원들도 월급을 내놓으라고 아우성이었습니다. 스트라우스는 헐값에라도 팔아서 밀린 빚과 직원들의 월급만이라도 해결하고 싶었지만, 엄청난 양을 한꺼번에 사줄 사람은 좀처럼 나서지 않았습니다.

그러던 어느 날, 광부들의 바지가 쉽게 찢어지는 것을 보고 영감을 얻었습니다.

'천막용 천이라고 반드시 천막만 만들라는 법은 없지 않은가.'

스트라우스는 튼튼한 천막 천으로 바지를 만들어서 광부들에게 판매하기 시작하였습니다. 이 바지의 수요는 엄청나서 말 그대로 불티나게 팔리기 시작하였고, 스트라우스는 그야말로 돈방석 위에 앉게 되었습니다.

1860년부터는 천막 천 대신에 뻣뻣하지 않은 데님(Denim)이라는 직물을 가지고 청바지를 만들었습니다. 스트라우스는 데님 천을 이용해 구리 못으로 호주머니를 연결한 새로운 작업복을 선보였는데, 이것이 바로 최초의 리바이스 청바지 브랜드의 시작입니다. 이에 따라 1900년대 이후부터 청바지에 대한 인식이 바뀌어 작업복이 아닌 평상복이 되었습니다.

한편, 청바지가 엄청난 유행을 불러일으킨 것은 미국 영화 '이유 없는 반항'에서의 제임스 딘이 청바지를 입은 것을 보고 많은 젊은이들이 이를 흉내 내어 청바지를 입기 시작하면서 부터였습니다. 행운까지 따라준 것입니다.

우리나라에 들어온 것은 청바지 나이 100세가 넘은 1950년대 이후입니다.

2) 무명과 문래는 어떻게 발명되었나요?

우리민족은 예로부터 흰 옷을 즐겨 입었습니다. 그래서 백의민족이라 했습니다. 하지만 650여 년 전까지만 해도 우리 조상들은 흰 옷을 입지 못했습니다. 황색의 삼베나 모시로 만든 옷 밖에 없었기 때문이었습니다. 흰 옷을 즐겨 입기 시작한 것은 문익점이 중국에서 가져온 목화씨가 전국으로 퍼지면서 부터였습니다.

문익점은 경남 산청에서 태어났습니다. 어린 시절 이야기는 거의 알려지지 않고 있습니다. 31세 때인 1360년 문과에 급제해 순유박사·좌정언을 거쳐 서장관으로 원나라에 갔다가 1363년에 돌아왔습니다. 그가 가져온 짐이라곤 책 몇 권과 붓 한 자루가 전부였는데 그 붓 자루 속에 중국에서 다른 나라로 흘러가는 것을 엄격히 막고 있는 목화씨 10개가 숨겨져 있었던 것입니다.

문익점은 그 목화씨의 절반을 장인 정천익에게 나눠줬습니다. 하지만 가꾸는 방법을 몰랐던 탓에 모두 다 죽고, 정천익이 심은 것 가운데 오직 한 알만이 싹이 터 그 해 가을, 정천익은 100여 개의 목화씨를 수확했습니다. 목화씨는 해마다 늘어나 4년 뒤 봄에는 온 동네에 목화씨를 나눠 줄 수 있었습니다.

그 무렵, 우연히 홍원이라는 중국 승려가 정천익의 집에 들렀습니다. 정천익은 그로부터 베 짜는 기술을 배웠습니다. 태조실록에 따르면 이때 정천익은 자기 집 계집종에게 베 짜는 기술을 가르쳐서 한 필을 짜게 하여 이것이 계기가 되어 십년 후에는 온 나라에 베 짜는 기술이 보급되었습니다.

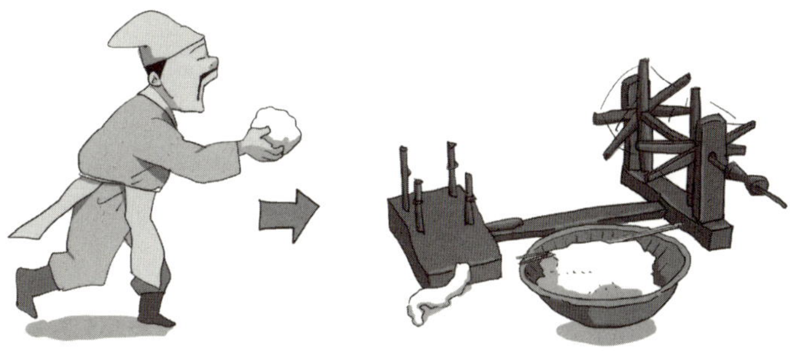

목화에서 실을 뽑는 기계를 '물레'라 합니다. 문래를 발명한 사람의 성명 '문래'에서 따온 이름입니다. 문래(文來)는 문익점의 손자였습니다. 또 목화를 재배하여 만들어낸 옷감을 무명이라 합니다.

옷감 짜는 베틀을 발명하고 베 짜는 방법을 개선한 사람의 성명 문영(文英)에서 따온 명칭입니다. 문영 역시 문익점의 손자였습니다. 문영의 베 짜는 방법은 10년도 되지 않아서 널리 보급되었습니다.

그리고 의성에 목화를 많이 심어 우리 민족 모두가 백의민족의 따뜻함을 맛볼 수 있게 해준 문승로 또한 문익점의 손자였습니다.

한마디로 목화씨의 도입부터 무명의 탄생까지 모두가 문익점 일가와 그의 장인에 의해 이루어진 것입니다.

무명의 등장으로 우리민족의 의생활은 획기적인 발전을 이룰 수 있었습니다. 이와 함께 물레와 가락, 날틀 같은 면직기구의 제작은 생산 도구 제작의 발명 붐을 이루게 하였습니다.

문익점선생기념관(경남 산청군 단성면 사월리)을 찾아가면 모든 것을 한눈에 볼 수 있습니다.

2

먹는 음식도 발명인가요?

1) 코카콜라는 어떻게 발명되었나요?

세계 음료 사상 가장 많이 팔린 코카콜라는 원액의 발명가와 병의 발명가 그리고 상품화한 사업가가 서로 다릅니다. 코카콜라가 세계적인 음료로 우뚝 설 수 있는 데는 원액의 맛과 병의 모양이 독특한 것도 한 몫을 톡톡히 한 것으로 알려지고 있습니다.

원액의 발명가는 존 펨버튼, 병의 발명가는 루드, 상품화한 사업가는 아사 캔들러였습니다.

1886년 애틀랜타의 약사인 펨버튼이 코카나무의 잎과 콜라나무 열매의 추출물을 주원료로 코카콜라 원액을 발명했습니다.

1888년 캔들러는 펨버튼에게서 코카콜라 원액 제조방법을 2,300달러에 사들여 1895년 코카콜라 회사를 설립했습니다. 본사는 조지아 주 애틀랜타에 있습니다.

코카콜라는 단숨에 국민음료로 떠올랐습니다. 문제는 국민음료의 품격에 맞는 병이 없었습니다. 캔들러는 새로운 병을 만들어보려했으나 마땅한 방법이 없자 현상모집을 하고, 그 결과 루트의 작품을 뽑게 되었습니다. 1915년에 선보인 이 병이 조금씩 개선되어 지금까지 사용되고 있는 병입니다.

1920년 캔들러는 회사를 크게 확장 설립하고 본격적으로 코카콜라 생산을 개시했습니다. 폭발적인 인기였습니다. 국내외에서 밀려드는 주문을 감당할 수가 없자 현지 공장을 세우도록 했습니다.

코카콜라는 두 가지 독특한 방법으로 생산되고 있습니다.

하나는 원액 제조방법을 특허로 등록받지 않고 비밀로 유지하고 있다는 것입니다. 즉 노하우로 유지하고 있습니다. 이는 특허로 등록할 경우 존속기간이 끝나면 누구나 생산할 수 있기 때문입니다.

노하우로 유지할 경우 비밀만 세지 않으면 영구히 독특한 맛의 음료를 독점 생산할 수 있기 때문이었습니다.

또 다른 하나는 원액 제조방법의 비밀을 유지하기 위해 본사에서 원액을 제조하여 국내 및 해외의 특정회사에게만 공급하는 프랜차이즈 방식을 채용한 것입니다. 특정 회사에서는 원액에 물·탄산·설탕 등의 첨가물을 배합하여 병 또는 캔에 넣고 루트 세일즈 방식에 의하여 판매하도록 했습니다.

또 국외의 회사에 대해서는 자본과 종업원 등에 관하여 철저한 현지주의를 채용하고 있는 것이 특징입니다. 우리나라도 예외가 아니었습니다.

세계적으로 200여 개국 이상에서 팔리고 있는 코카콜라는 그 상표가치만 해도 800억 달러가 넘습니다. 코카콜라의 경쟁사로 펩시콜라가 있으며, 이 두 음료간의 마케팅 전쟁은 실제 전쟁보다도 치열합니다.

2) 떡볶이는 어떻게 발명되었나요?

88서울올림픽 이후 외국인들이 우리나라의 문화 중 가장 관심을 가진 것 중에 하나가 음식문화였습니다. 많은 외국인들이 우리나라의 다양한 전통 음식문화에 감탄했다고 합니다. 그중의 하나가 떡볶이였습니다.

우리나라 사람들은 물론 외국인들까지 즐겨먹는 떡볶이는 새로운 음식사업으로도 떠오르고 있습니다. 떡볶이연구소가 생긴 것은 이미 오래 전이고, 새로운 조리법의 발명은 특허를 받아 브랜드 시대를 열며 프랜차이즈화 되기에 이르렀습니다. 길거리 포장마차에서 깨끗한 인테리어의 점포 안 메뉴로 바뀐 것입니다.

미국과 일본에 이어 중국과 유럽에도 떡볶이 특허기술이 수출되고 있습니다. 관련 연구소와 기업들의 세계시장 진출 계획이 결실을 거두기 시작한 것입니다.

떡볶이가 언제 누구에 의해 발명되었는지는 알 수 없습니다. 조선시대 요리의 장인으로 불리는 대장금이 발명했다는 주장이 있기는 하나 확실한 근거는 없습니다.

그러나 떡볶이는 궁중음식 중의 하나였고, 매우 귀한 고급 음식이었습니다. 실제로 설날 아침 임금님에게 올린 음식 중에도 떡볶이가 포함되어 있습니다.

당시 궁중떡볶이는 맵지 않은 음식이었습니다. 고추가 없던 시절이어서 나물과 소고기에 간장을 넣고 볶은 것이었습니다.

지금처럼 먹음직스럽고 맛있는 떡볶이는 1953년 마복림 여사에 의해 발명되었습니다. 오래전 마복림 여사를 직접 만나 취재한 기자에 따르면, 1950년 6.25 전쟁으로 3년 동안의 피난 생활로 살기가 힘들었던 시절 마복림 여사는 귀한 손님을 접대하기 위해 중국집을 찾았다고 합니다. 이때 개업식 공짜 떡을 집다가 그만 자장면 그릇에 빠뜨리게 되었는데, 그 떡 맛이 일품이었다고 합니다.

바로 여기서 고추장을 떠올려 새로운 떡볶이 연구를 하게 되었고, 그것이 결실을 맺어 현대판 떡볶이를 발명할 수 있었다고 합니다.

마복림 여사의 떡볶이가 지금도 유명한 것은 바로 이 때문이며, 신당동이 우리나라 떡볶이의 명소로 떠오를 수 있었던 것도 마복림 여사의 발명 때문이었습니다.

1970년이 되면서는 그 당시 최고의 인기 프로그램이었던 MBC '임국희의 여성 살롱'과 신문·잡지까지 앞 다투어 신당동 떡볶이 골목을 소개할 정도로 유명하였습니다.

이제 프랜차이즈는 물론 고급 식당이나 카페에서도 정식 메뉴로 자리 잡은 떡볶이의 영문표기는 'Tteokbokki' 로 세계화하기엔 철자가 너무 길고 복잡했습니다. 이에 따라 오래전 정부는 떡볶이의 영문표기를 'Topokki'로 정하고, 세계적인 식품으로 끌어올리기 위해 지원을 아끼지 않았고, 첫 결실이 수출이었습니다.

3

집안의 구조도 발명인가요?

1) 화장실은 어떻게 발명되었나요?

화장실의 역사는 곧 인류의 역사라 할 수 있습니다. 사람은 먹지 않고는 살 수 없고, 결국 먹으면 배설하기 때문입니다.

사람들이 동물처럼 떠돌며 살 때는 동물처럼 화장실이 필요하지 않았습니다. 대자연 그 어디든 오줌과 똥을 쌀 수 있었기 때문입니다. 그러나 한곳에 정착하면서 화장실은 어떤 형태로든 꼭 필요한 존재가 되었습니다.

처음에는 집 근처에 쌌고, 이어서 물가 또는 땅에 구덩이를 파고 쌌습니다. 그러나 인구의 증가와 문명의 발달로 아름답고 넓은 대자연의 화장실은 특정한 장소로 국한되었습니다. 그래서 필요한 것이 가림막이었고, 오줌과 똥을 모으는 공간이나 이것을 흘려보내는 하수시설이었습니다.

여기서 한 단계 발전한 것이 좀 더 편한 자세로 오줌과 똥을 싸는데 필요한 기구였습니다. 실제로 기원전 2400~기원전 2100년의 유적으로 보이는 고대 바빌로니아의 주거지에서 이미 햇볕에 말린 벽돌을 쌓고 역청으로 마무리한 걸터앉는 방식의 수세식 화장실이 발견되었습니다. 고대 이집트의 각 도시에서는 실내화장실이 발견되었습니다.

비교적 일찍 문명시대를 연 고대 이집트와 그리스 그리고 로마에서는 화장실을 만들어 사용하기도 했습니다. 그러나 하수시설이 불완전하여 오물을 도로에 버려 뒷골목이 불결하였던 것 같습니다.

중세가 되자 로마식 화장실은 없어지고 다시 원시적인 농경생활식 화장실로 되돌아갔고, 오물은 정원 구석이나 도로에 버렸습니다. 중세나 르네상스의 주택은 말할 것도 없고, 베르사유궁전에서도 화장실이 설치되지 않았고, 그 때문에 콜레라나 페스트가 매년 발생하였습니다.

지금과 같은 형태의 수세식 변기는 1596년 영국의 존 해링턴에 의해 발명되었습니다.

우리나라도 똑 같은 순서로 발전해 왔습니다. 특히 경주 불국사에는 돌로 만든 수세식 화장실이 있었습니다. 이미 신라시대부터 좌식 수세식 변기 가 있었다는 증거입니다. 조선시대 임금님은 화장실에 가지 않고 '매우 틀' 또는 '매화 틀' 이라는 좌식변기를 사용했으며, 임금님의 똥은 '매우' 또는 '매화' 라고 불렀습니다.

옛날 우리나라는 화장실을 대소변을 보는 공간이라 하여 변소, 몸속을 깨끗이 하는 공간이라 하여 정방, 생리적인 걱정뿐 아니라 마음의 근심까지 해결하는 공간이라 하여 해우소, 뒷물을 하는 공간이라 하여 북수 간, 옆에 있는 공간이라 하여 측간, 뒤에 있는 공간이라 하여 뒷간이라 부르기도 했습니다.

2) 온돌은 어떻게 발명되었나요?

온돌은 우리나라에서 발명되어 세계적으로 사용되는 몇 안 되는 기술 가운데 하나입니다. 온돌을 빼고는 우리 역사 속 주거문화를 말할 수가 없습니다. 아궁이에서 불을 피우고, 아궁이에서 생성된 열기를 머금은 뜨거운 연기가 방바닥에 깔린 구들장 밑을 지나면서 난방이 되고, 그 연기는 구들장 끝 굴뚝으로 빠져나가는 방식의 난방법입니다.

고도의 물리학과 유체역학을 알지 못하고는 도저히 알 수 없는 형태의 구들을 우리 조상은 이미 수천 년 전에 발명하여 사용했던 것입니다.

난로로 데워진 방과 달리 온돌은 바닥으로부터 시작하여 방안 전체 공기가 따뜻해지므로 매우 편안합니다. 방바닥을 고루 덥혀주기 때문에 습기가 차지 않고, 한번 뜨거워진 구들장은 오랫동안 방바닥을 따뜻하게 해주어 의학적으로도 가장 좋은 난방은 온돌입니다.
두한족열의 근본을 지키는 것이 온돌이기 때문입니다.

얼마 전까지 온돌의 기원하면 막연하게 중국에서 건너온 것이 고구려 사람들에 의해 널리 쓰였다고 생각했으나 처음 만든 사람은 우리 민족인 옥저인이었습니다. 기원전 4세기 기원후 1세기에 연해주 남부의 크로우노프카 문화(옥저 문화)에서 이미 사용했음이 밝혀졌습니다.

이 온돌은 우리가 생각하듯 바닥 전체를 다 고래로 덮은 것이 아니라 한쪽 벽면에 'ㅣ'자 아니면 'ㄱ'자로 고래를 넣은 쪽구들이었습니다. 옥저인들이 쪽구들을 발명한 것은 추운 겨울을 효과적으로 보내기 위함이었을 것입니다.

옥저인의 쪽구들은 이후 주변지역으로 빠르게 전파되어갔습니다. 경남 사천 늑도에서 기원전 2~1세기에 다소 원시적으로 만든 온돌이 발견되었는데, 이 또한 연해주의 옥저인들이 이주하여 설치했을 것으로 추정됩니다.

고구려인들도 옥저인의 쪽구들을 계속 썼으며, 이후 발해인에게도 전파되었습니다. 이 쪽구들이 삼국시대를 거쳐 고려시대로 접어들어 여러 줄의 고래가 있는 형태로 발전하며, 마침내 방 안 전체를 데우는 온돌방이 발명되었습니다.

고려시대에 전국적으로 확산된 온돌은 조선시대에 이르러서는 주택의 중심이 될 정도로 급격하게 확산되었습니다. 이유는 농경사회에서 취사와 난방을 동시에 해결할 수 있기 때문이었습니다.

우리나라의 온돌은 일본을 거쳐 미국으로까지 전파되었습니다. 20세기 초 미국의 건축가 프랭크 로이드 라이트는 동경 제국 호텔의 설계를 의뢰받아 일본에 머물다 우연히 온돌을 체험하고 귀국 후 온돌 방식 대신 바닥에 온수를 흘리는 방식을 발명했습니다. 이것이 바로 온수 보일러로 1970년대 우리나라에도 수입되었습니다.

한편, 건축문화가 발달했던 로마 시대에 온돌과 유사한 형태의 바닥 난방 시스템이 발명되었으나, 이는 우리나라보다 500년 이상 뒤진 것이었습니다.

4

사무용품도 발명인가요?

1) 종이는 어떻게 발명되었나요?

5천여 년 전, 이집트 사람들은 강변에 있는 파피루스라는 풀의 줄기를 이용하여 기록하는데 썼습니다. 그들이 사용한 것은 갈대처럼 생긴 파피루스의 줄기를 방망이 같은 것으로 마구 두들겨서 편 다음 접착제로 이어붙인 것이었습니다.

그 무렵 메소포타미아에서는 찰흙을 다진 점토판에 나무막대로 글자를 썼는데, 글자의 형태가 제한되어 불편했습니다. 그래서 파피루스는 유럽 각지로 퍼져 나갔습니다.

이 무렵 동양에서는 전혀 다른 것이 발명되고 있었습니다. 붓이 발명되면서 대나무나 목판을 연결하여 글씨를 썼으며, 황실에서는 비단에 글씨를 쓰기도 했습니다.

세계 최초로 종이를 발명한 사람은 105년 후한에 채륜이라는 관리였습니다. 그가 하는 일은 황실에서 쓰는 일용품의 출납을 감독하는 것이었습니다.

'글자를 쓰는 비단 값을 절약할 수 있는 방법을 찾아야 해!'

그러던 어느 날, 채륜은 정원을 거닐다 벌이 집을 짓는 광경을 보게 되었습니다.

'입에서 액체를 내어 나무껍질을 반죽하는구나. 저기에 글씨를 써도 되겠는걸!'

그는 즉시 돌절구에 닥나무 등 여러 종류 나무의 껍질을 물에 불려서 찧고, 그대로 널빤지에 얇게 펴서 말려보았습니다. 드디어 종이가 발명되는 순간이었습니다.

"그대의 생각이 놀랍소. 명칭을 '채후지'라 하고, 비단대신 쓰도록 하시오."

황제의 명령에 따라 채륜의 종이는 한나라에 고루 퍼졌습니다. 그러나 채후지는 오래되면 변색되거나 좀이 생겨 구멍이 나고, 너덜너덜 해지기도 했습니다.

이 문제는 훗날 종이의 원료에 수지를 섞어 좀이 생기는 것을 막는 방법이 발명되면서 동시에 해결되었습니다.

우리나라에는 삼국시대 때 종이 만드는 기술이 도입되었고, 고구려의 승려 담징이 일본에도 전했습니다.

751년 당나라와 사라센이 탈라스 강변에서 전쟁을 하여 당나라의 병사들이 포로가 되었는데, 사라센은 포로들에게 종이를 만들게 하여 사마르칸트에는 큰 제지공장이 세워졌습니다.

페르시아에서도 중국의 제지기술자를 불러 들여 종이를 생산했고, 유럽 여러 나라들과 프랑스 등에도 종이 공장이 세워졌습니다.

특히 유럽에서는 활판 인쇄술이 발달하고, 석판 인쇄가 발명되자 종이의 질도 고급수준을 필요로 하게 되었습니다.

1690년 네덜란드에서 종이 원료인 섬유를 갈아서 으깨는 방법이 발명되면서 종이를 대량생산할 수 있게 되었습니다.

1770년 영국의 와트 먼은 이 기계를 계량하여 도화지를 만들었고, 1860년 독일의 펠터는 목재를 원료로 한 섬유, 즉 펄프로 만들어진 종이가 대량으로 생산되는 시대를 열었습니다.

2) 수정액은 어떻게 발명되었나요?

순간의 아이디어를 발명으로 승화하여 부귀영화를 누리고도 5천만 달러의 유산을 남긴 여성발명가가 있습니다.

여성발명가 중에 이런 사례는 흔치 않은 일로, 특히 첨단 발명도 아닌 생활발명으로 이 같은 눈부신 성공을 이룬 사례는 더욱 흔치 않습니다.

화제의 발명가와 발명품은 미국의 가정주부였던 베타 그레이엄의 수정액 발명. 이 이야기는 1951년으로 거슬러 올라갑니다.

그레이엄은 아이를 혼자 키우는 이혼녀였습니다. 아이를 키우면서 직장생활을 하다 보니 여간 힘든 게 아니었고, 수입 또한 시원치 않았습니다. 그래도 직장이 있어 아이를 키울 수 있었습니다.

그레이엄이 직장에서 하는 일은 타자였습니다. 하루에도 수많은 서류를 타자로 작성하는 것이었습니다. 학교에 다닐 때 타자보다는 그림을 좋아하다 보니 타자 솜씨는 수준 이하였고, 그러다보니 많은 오타가 나오곤 해서 해고라도 당할까봐 불안한 나날을 보내야 했습니다. 직장이 생활 수단의 전부이다 보니 해고는 곧 파산이었기 때문입니다.

그러던 어느 날 그레이엄은 자신의 운명을 송두리째 바꿔놓을 현장을 목격하게 됩니다. 은행 간판 그림을 그리던 화가가 잘못 그려진 그림을 물감으로 덧바른 다음 그 위에 다시 그리는 현장을 목격한 것입니다.

'바로 저것이다. 오타가 나면 종이 색깔 물감으로 덧바르고, 그 위에 타자를 하면 오타로 인한 실수를 만회할 수 있을 것 같다.'

그레이엄의 생각은 적중했습니다. 오타가 날 때마다 종이 색깔인 흰 물감으로 덧바르고 다시 치니 약간 얼룩은 졌지만 한결 깨끗한 문서를 작성할 수 있었습니다. 그레이엄은 직장 상사에게 들키기라도 할까봐 아무도 몰래 물감을 감추어 두고 사용했습니다.

그러던 어느 날, 이 같은 사실을 알게 된 직장상사는 그레이엄의 아이디어에 칭찬을 아끼지 않았고, 동료 직원들은 그 물감을 구해 달라고 아우성이었습니다. 그래서 그레이엄은 이 물감을 직접 만들기로 결심했습니다. 전문 지식이 없다보니 전문가를 찾아 자문을 받은 다음 밤을 새워 만들고, 특허출원도 잊지 않았습니다.

입소문만으로도 만들기가 무섭게 팔려나가자 서둘러 회사를 설

립했습니다.

'미스테이크 아웃'이라는 상표로 선보인 이 물감은 날개 돋친 듯 팔려나갔습니다.

이것이 요즘 우리가 사용하는 수정액의 원조였습니다.

얼마 후 질레트사가 특허권과 회사를 팔 것을 요청해 왔고, 질레트사가 제시한 엄청난 가격에 그레이엄은 거절할 이유가 없었습니다.

그레이엄은 돈방석에 앉게 되었습니다. 그레이엄이 얼마의 돈을 벌었는지는 정확히 알 수가 없으나 1980년 그녀가 세상을 떠난 뒤 유산만 해도 5천만 달러였다고 합니다.

5

가전제품도 발명인가요?

1) 텔레비전은 어떻게 발명되었나요?

사람들에게 가장 큰 즐거움을 안겨준 안방극장 텔레비전. 대중문화의 꽃으로까지 불리는 텔레비전은 어느 한 사람의 발명에 의해 탄생한 것이 아닙니다. 많은 사람들이 존 로기 베어드를 텔레비전의 발명가로 알고 있으나, 베어드도 수많은 발명가들 중의 한사람으로 다른 발명가들과 다른 점이 있다면 최초로 상품화를 이뤘다는 것입니다.

베어드는 텔레비전과 관련된 독창적인 특허를 가지고 있지 않으면서도 상품화까지 성공한 천부적인 재간꾼이었습니다.

1926년 베어드가 만든 텔레비전은 오늘날 우리가 보는 전자식 텔레비전과는 다른 기계식 텔레비전입니다. 베어드는 24개의 작은 구멍이 뚫린 닙코프 원판을 1분에 6백번 회전시켜 이를 통과한 빛을 전기적인 신호로 바꿔 영상을 만들었습니다. 또, 매초 15프레임 이상의 정지 화면을 연속적으로 보여주면 인간의 두뇌가 조금씩 다른 정지 화면을 움직이는 영상으로 인식한다는 원리를 이용했습니다.

베어드가 만든 텔레비전은 텔레바이저라는 이름으로 영국왕립협회에서 50여명의 과학자들이 지켜보는 가운데 발표되었고, 1929년부터 1935년까지 BBC에서 시험방송을 했습니다. 이것이 계기가 되어 시험방송이 끝날 무렵 상품화되었습니다.

베어드의 이 같은 성공 뒤에는 수많은 발명가들의 크고 작은 발명이 있었고, 이 같은 발명들이 있었기에 베어드의 발명이 빛날 수 있었습니다.

텔레비전 발명의 근간이 된 발명은 1843년 알렉산더 베인의 발명에서 시작되었습니다. 베인은 텍스트를 행으로 나누고 그 밝기를 점으로 주사하는 방법을 발명했습니다. 이어서 1884년 파울 닙코프는 전기 신호를 영상으로 바꾸는 장치를 발명해 텔레비전의 원리를 처음으로 발명했습니다.

또, 1897년에는 브라운이 텔레비전 수상기로 쓰이는 브라운관을 발명했는데, 유리로 만들어진 브라운관은 진공용기, 전자총, 편향계, 화면으로 구성돼 있습니다. 물론 그 핵심기술은 전자총이라고 할 수 있습니다.

이밖에도 1923년에는 블라디미르 코스머 즈보리킨은 화상을 전송하는 방법을 발명했고, 1925년에는 만프레드 폰 아르데네와 지그문트 로에베는 3개의 관으로 이루어진 증폭 진공관을 발명하기도 했습니다.

베어드의 텔레비전은 이후에도 수많은 발명가들에 의해 개선되었습니다. 1926년 필로 판스워스는 오늘날의 텔레비전처럼 카메라가 전자방식으로 주사하면 텔레비전 수신기가 전자방식으로 주사받는 세계 최초의 전자 시스템을 개발하였습니다.

우리나라는 1956년 5월12일 HLKZ-TV에서 세계에서 15번째로 텔레비전 전파를 발사하였습니다.

2) 냉장고는 어떻게 발명되었나요?

인류는 오래 전부터 음식을 시원하게 보관하면 오랫동안 보존할 수 있다는 것을 알고 있었습니다. 광대한 영토와 역사만큼이나 다양하고 풍부한 요리 문화를 가지고 있는 중국인들은 기원전 1,000년 무렵부터 얼음을 지하실에 보관하여 음식을 상하지 않도록 저장했고, 우리나라에서는 신라시대에는 석빙고, 조선시대에는 동빙고와 서빙고가 있었습니다.

14세기 경, 역시 음식의 냉장 보관법을 일찍 터득한 중국에서 제일 먼저, 그리고 이탈리아에서는 17세기경에 소금물의 증발이 물체의 열을 빼앗아가 소금물이 저장된 용기는 차가운 상태를 유지한다는 것을 알아냈습니다. 즉 액체가 기화될 때의 기화열을 이용하는 지금의 전기냉장고의 원리와 비슷한 원시적인 형태의 원리를 이미 터득했던 것입니다.

그렇다면 냉장고는 누가 발명하였을까요? 여러 주장이 있으나 가장 먼저 특허를 받은 사람은 미국인 제이콥 퍼킨스였습니다.

퍼킨스는 본래 미국인이었으나 인생의 대부분을 영국에서 보냈고, 냉장고 원리의 특허도 영국 특허청에서 받았습니다.

영국 런던에 사는 68세의 퍼킨스는 얼음을 인공적으로 만드는 압축기를 만들어 1834년에 특허를 받았습니다.

퍼킨스는 압축시킨 에테르가 냉각 효과를 내면서 증발하였다가 응축되는 원리를 이용하였는데, 그의 특허명세서를 살펴보면 냉장고의 원리에 대해 '공기 압축 사이클'을 중심으로 기록하고 있습니다. 내용은 다음과 같습니다.

'이 사이클에서는 휘발성 액체의 증발에 의해서 냉각이 이루어지고, 동시에 그 휘발성 액체를 항상 응축하며, 손실 없이 되풀이 하여 운전에 이용한다.'

이 기계는 오늘날 가정용 냉장고가 탄생할 수 있는 계기는 되었으나 시제품 이상의 상품으로 생산되지는 못했습니다. 후원자도 없었지만 퍼킨스가 너무 늙어 더 이상 활동할 수 없었기 때문이었습니다.

냉장고를 처음으로 상품화하는데 결정적인 기여를 한 사람은 스코트랜드인 제임스 해리슨입니다. 오스트레일리아로 이주하여 인쇄공으로 일하고 있던 제임스는 퍼킨스가 누구인지도 몰랐고, 그가 냉장고 원리를 발명한 것은 꿈에도 모르고 있었습니다.

'에테르의 이 뛰어난 냉각효과를 달리 이용할 방법은 없을까?'

해리슨은 활자의 세척에 에테르를 사용하면서 그 뛰어난 냉각효과를 이용할 방법을 벌써 몇 년 째 생각하고 있었습니다. 처음에는 막막하기만 했습니다. 그러나 몇 년 동안 인쇄기를 수리하면서 스스로 터득한 지혜로 급기야 냉장고를 설계하는데 성공했습니다.

특허로 등록되고, 다니엘 지버라는 후원자에 의해 생산이 시작된 것은 1862년. 때마침 열린 국제박람회에 전시 되면서 팔려나가기 시작했습니다. 이것이 시판된 세계 최초의 냉장고로서, 해리슨은 냉장고의 아버지로 불리게 되었습니다.

이후 끊임없는 개선이 거듭되었는데, 1926년에 제너럴 일렉트릭에서 세계 최초의 밀봉된 냉장고 압축기를 생산해 냈고, 다시 1939년에 오늘날 사용하는 '냉장실과 냉동실이 구분되어 있는 냉장고'를 개발하여 대량 생산해 내기 시작했습니다.

우리나라에서는 1965년 LG전자(금성사)가 국산냉장고를 처음 생산했습니다.

6

의약품도 발명인가요?

1) 인슐린은 어떻게 발명되었나요?

인슐린을 발명하여 많은 당뇨병 환자들의 고통을 크게 덜어준 프레드릭 밴팅. 그는 당뇨병 환자들에게는 구세주나 다름없습니다.

당뇨는 여러 가지로 고통스러운 병입니다. 그럼에도 불구하고 별다른 치료방법이 없었습니다. 그저 증상을 완화하는 차선책이 있을 뿐. 그것이 바로 인슐린입니다.

당뇨병 환자 사이에서 기적의 약이라고 불리는 바로 이 인슐린이 처음 세상에 선보인 것은 1921년. 캐나다 제일의 의사가 되는 것이 꿈이었고, 그래서 각종 연구에 도전했던 밴팅은 어느 날 당뇨병 환자를 만나게 됩니다. 당시 당뇨병은 한 마디로 난치성 희귀병이었습니다.

'건강한 사람의 이자에 있는 점들은 대체 어떤 기능을 할까?'

외과수술지에 실린 당뇨병에 대한 기사는 그를 흥분시켰습니다.

어쩌면 그 의문점들이 당뇨의 해결책이 될지도 모른다는 생각이 들면서 그의 머리에는 아주 색다른 생각이 떠올랐습니다.

'이 점들이 소각로의 역할을 하는 것은 아닐까? 몸 안에서 넘쳐나는 당분들을 태워 조절하는 역할을 하는 것이라면 …. 때문에 이 점들이 사라져 연료의 공급이 중단되는 당뇨현상이 나타나는 것이고 …'

당뇨병 환자를 거의 방치하던 때이라 어떤 식으로든 연구를 진행해야 한다는 것이 그의 생각이었습니다. 그러나 세상은 밴팅의 말을 믿으려 하지 않았습니다. 무가치한 것이라는 면박을 받으며, 그는 실험할 곳을 찾기 위해 이곳저곳을 전전하는 처지가 되었습니다.

겨우 자리를 마련한 곳은 토론토 대학으로 그것도 방학을 이용해서 한시적으로 허용된 것이었습니다. 어렵게 마련한 실험실에서 프레드릭은 의대생인 찰스 하버스트 베스트와 함께 본격적인 실험에 들어갔습니다.

개의 이자관을 졸라매고 이자의 섬에서 추출한 물질을 투입하며 결과를 기다렸습니다. 그러나 실험 대상인 개의 숫자가 10마리에서 91마리가 되도록 아무 결과도 나타나지 않았다.

마치 그의 생각이 헛된 것이라는 것을 증명하는 듯 했습니다. 그런데 92마리째의 개에게서 기적이 일어났습니다.

이자를 졸라맨 개에게 이자의 추출물을 주사하자마자 갑자기 개가 생기를 되찾고 일어나 짖기 시작한 것이었습니다. 그가 세운 가설이 옳았음이 증명되는 순간이었습니다.

이후부터 그의 연구는 활기를 띄었습니다. 밴팅은 이자에서 발견된 새로운 물질을 아일레틴(후에 같은 뜻의 라틴어인 인슐린으로 바뀌었음)이라 이름 붙이고, 이를 확보하기 위해 동분서주 했습니다. 도축장을 다니면서 소와 돼지의 이자를 모으고, 자신의 차를 팔아 마련한 돈으로 지방에서 가축의 이자를 사들였습니다.

이렇게 마련한 재료들을 가지고 그는 임상실험에 착수했습니다. 그의 첫 번째 임상실험 대상자는 절친한 친구인 조길 크리스트. 밴팅은 당뇨병을 앓고 있는 크리스트를 불러 아일레틴을 주사했습니다.

결과는 성공이었습니다. 당뇨병으로 오랫동안 고통 받고 있던 크리스트가 자리를 박차고 일어난 것입니다. 인슐린을 발명한 밴팅은 노벨의학상을 받았습니다.

2) 바셀린은 어떻게 발명되었나요?

지구촌의 상비약 바셀린. 아프리카 밀림의 원주민들까지도 애용하는 발명으로 20대 발명가를 백만장자로 만들어 놓았습니다. 발명가는 22세의 미국인 화학자 로버트 체스브로우.

이 이야기는 1859년으로 거슬러 올라가 시작됩니다. 당시 미국 펜실베니아주에서 석유가 상업화되어 호황을 누리고 있었고, 그 부산물에 대한 연구 열기도 뜨겁게 달아오르고 있었습니다. 적지 않은 화학자들이 펜실베이니아 주를 찾아 현장을 관찰하고 자료를 수집하여 연구에 몰두하곤 했습니다.

젊은 화학자 체스브로우도 그들 중의 한 사람이었습니다.

유전 주변을 서성거리던 체스브로우는 어느 날 이상한 현장을 목격했습니다. 유전에서 일하는 노동자들이 유전 파이프에 남아있는 물질을 정성스럽게 모으고 있는 것이었습니다. 체스브로우는 노동자들이 왜 석유 찌꺼기에 불과한 물질을 귀한 물질처럼 여기는지 알 수가 없었습니다. 그런데 잠시 후 휴식시간이 되자 그 이유가 밝혀졌습니다.

투명하고 끈적거리는 이 물질이 상처에 바르면 지혈은 물론 치료효과까지 탁월하다며 노동자들이 상처 부위에 바르고 있었던 것입니다. 실제로 노동자들의 상처는 부작용 없이 모두 완쾌되어 있었습니다. 어떤 노동자는 이것을 물에 타 마시고 위장병까지 치료했다고 했습니다.

'그래, 충분히 그럴 수 있을 거야.'

화학자인 체스브로우는 현장에서 노동자들로부터 물질을 사 모은 다음 연구실로 돌아와 성분을 분석하고, 상처 난 사람을 모아 직접 실험도 해 보았습니다. 노동자들의 말처럼 이 물질의 효과는 생각보다 우수했습니다.

체스브로우는 서둘러 정밀 분석을 통한 연구를 마치고 특허로 출원했습니다. 이때 명칭이 '바셀린 페트로륨 젤리'라는 신약을 선보였습니다. 특허로 등록되어 독점권을 갖게 된 것은 1872년이었습니다.

바셀린이라는 명칭은 상품으로 생산되어 팔리면서 붙여진 상표인데, 워터를 의미하는 독일어 바세(vasser)와 기름을 의미하는 그리스어 엘라이온(elaion)의 합성어라고 합니다.

바셀린 공장은 1870년에 뉴욕의 브루클린 지역에 최초로 설립되었으며, 유럽의 첫 번째 바셀린 제조 공장은 1911년에 설립되었습니다.

바셀린의 인기는 가히 폭발적이었습니다. 강력한 보습력과 탁월한 피부 보호 성분을 함유하고 있어 몇 년 사이에 지구촌의 히트 상품이 된 것입니다.

체스브로우는 96세까지 살았는데, 하루에 한 숟가락씩 바셀린을 먹었다고 합니다.

7

의료용품도 발명인가요?

1) 청진기는 어떻게 발명되었나요?

환자의 몸에서 나는 소리로 질병을 진단하는 청진은 그리스 시대에 히포크라테스가 자기의 귀를 환자의 몸에 대어 체내의 음을 직접 들은 데서 비롯되었습니다. 그 어원도 몸속에서 나는 소리로 몸의 이상을 진단하는 의료기입니다.

의사들은 청진기로 심장 박동 음, 호흡 소리, 장의 소리 및 혈관음 등 인체에서 나는 여러 소리의 특성을 파악해 질병을 진단합니다.

그렇다면 청진기는 누가 언제 발명하였을까요?

청진기의 발명은 내과의사 르네 라에네크의 업적으로 알려져 있지만, 고대 그리스의 의사들도 청진기를 사용했던 것으로 알려지고 있습니다.

1816년 라에네크는 '외 귀형' 청진기를 발명했는데, 어린이들이 긴 나무막대를 가지고 한쪽에서 다른 쪽으로 신호를 전달하는 타전놀이에서 힌트를 얻었습니다.

처음에는 종이를 둘둘 말아 만든 통을 이용했는데, 평소 여성 환자의 가슴에 귀를 대기가 난처했던 그에게 청진기는 매우 편리한 도구였으며 나중에 이것을 목제 통으로 바꾸어 사용하였습니다.

라에네크가 발명한 목재 청진기는 길이 22센티미터, 직경이 2.5센티미터인 속이 빈 목재로 만들었으며, 귀에 대는 부분이 한쪽 밖에 없어서 '외귀형'이라고 불렸습니다. 그 후 3년에 걸쳐 자신의 청진기 디자인을 완성시켰습니다.

1819년에 출판된 그의 저서는, 청진기를 사용해 호흡과 혈액 순환의 소리를 들을 수 있게 됨으로써 병리학이 최초로 살아 있는 생명체에 적용되었음을 증명했습니다.

라에네크의 청진기 발명은 청음에 의한 진료를 간단하고 확실하게 이룰 수 있게 한 점에서 의료행위의 모습을 바꾸어 놓기에 충분한 것이었습니다. 그런데 불행하게도 라에네크는 자신의 폐 질환을 발견하고, 결국 1826년에 그만 세상을 뜨고 말았습니다.

그러나 라에네크의 청진기도 시간이 흐르면서 문제점이 발견되었고, 1829년에는 스코틀랜드 의사 니콜라스 코민스가 유연성 있는 청진기를 발명하였습니다.

또 1852년에는 뉴욕의 내과의사 조지 캐먼이 라에네크의 디자인을 두 귀로 들을 수 있는 '쌍 귀형' 청진기로 바꾸기도 했습니다.

최근 들어 전자공학 기술의 발달에 따라 의공학 기술들도 점차 디지털화되어 가고 있습니다. 전자청진기는 일반청진기처럼 변이된 소리를 듣지 않고 원음을 듣기 때문에 보다 정확한 진단이 가능합니다. 하지만 간편성, 경제성 그리고 청진기의 한계성으로 인해 일반 청진기가 쉽게 사라지지는 않을 것으로 여겨집니다.

2) 밴드 반창고는 어떻게 발명되었나요?

의료용품이라기에는 너무도 작고 귀여운 모양의 밴드 반창고. 100년 가까이 전 세계인들의 사랑을 독차지하고 있는 이 밴드 반창고는 세월이 흘러도 그 진가는 변함이 없습니다. 1999년에는 AP통신이 선정한 '20세기 10대 히트 상품'에 까지 선정되며 그 변함없는 인기를 과시하기도 했습니다.

불변 불멸의 작은 거인 밴드 반창고의 발명이야기는 1920년으로 미국으로 거슬러 올라갑니다.

딕슨은 남달리 아내를 사랑하는 애처가이자 모범 가장이었습니다. 딕슨은 외과 치료용 테이프를 제조하여 판매하는 존슨&존슨의 말단 사원으로, 성실하기로 소문난 모범사원이었습니다.

딕슨의 발명은 오로지 아내 사랑에서 비롯되었습니다. 취직 후 딕슨은 평소 자신이 생각했던 이상형의 여인 조세핀을 만나 뉴저지주에 둥지를 틀었습니다. 성실히 일하는 딕슨 덕분에 가정도 안정되었고, 집안에서는 웃음이 떠날 날이 없었습니다.

한 가지 문제가 있다면 아내 조세핀의 덜렁거리는 행동과 형편없는 음식 솜씨였습니다. 조세핀의 음식 솜씨는 아예 전무였습니다. 그래도 딕슨은 항시 조세핀의 음식이 최고라고 허드레를 떨었고, 그들의 사랑은 깊어 갔습니다.

그러나 덜렁거리는 행동은 고칠 수 없었고, 그 행동은 음식을 만들 때마다 사고로 이어지곤 했습니다. 솜씨라고는 전무한 상태에서 음식을 요리하는데 덜렁거리기까지 하다 보니 음식을 요리할 때마다 불에 화상을 입고, 칼과 가위에 상처를 입는 것은 예사였습니다.

그때마다 딕슨은 정성스럽게 치료해 주었습니다. 상처 부위에

약을 바르고, 균이 들어가지 못하도록 상처부위를 거즈로 덮은 다음 테이프로 감싸주는 것이었습니다. 회사에서 만드는 제품이다 보니 별도로 거즈와 테이프를 구입하지 않는 것이 다행이었습니다.

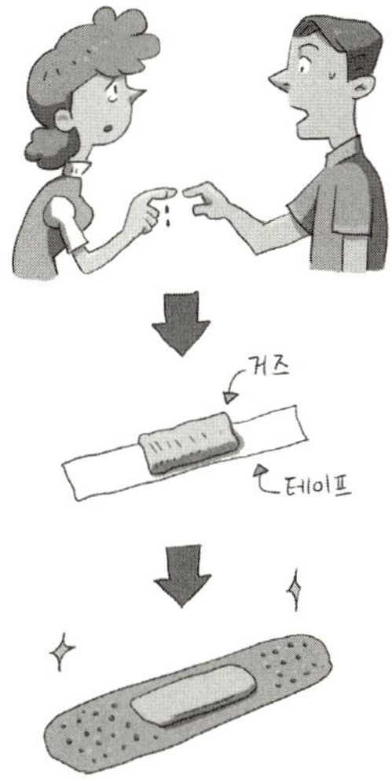

그런데 문제는 딕슨의 출장이었습니다. 출장 중에 상처를 입으면 달려올 수도 없어 출장 전에 반드시 요즘 1회용 반창고 모양의 반창고를 거즈와 테이프로 만들어 놓곤 했는데. 이것이 딕슨에게 엄청난 행운을 안겨준 것입니다.

딕슨의 이 작은 아이디어가 회사에서 모집한 직무발명에 선정되었습니다. 회사는 서둘러 특허를 출원하고 생산에 들어갔습니다.

상표명은 '밴드 에이드=Band-Aid'. 초창기에는 일정한 양만큼 잘라서 쓰게 하는 방식이었으나, 통풍구가 첨가되고, 살균효과도 높이고, 위생적인 낱개 포장도 하는 등 점차적으로 발전했습니다.

급기야 특허로 등록된 1회용 밴드 반창고가 날개 돋친 듯 팔려나간 것입니다. 회사는 단숨에 돈방석에 앉게 되었고, 딕슨은 엄청난 보상금과 함께 고속 승진의 기회까지 잡게 되었습니다. 한 마디로 회사도 딕슨도 대박이 터진 것입니다.

밴드 반창고를 발명한 딕슨은 부회장까지 승진한 후 1957년 퇴직했습니다.

8

스포츠용품도 발명인가요?

1) 골프는 어떻게 발명되었나요?

골프가 언제부터 어디서 시작되었는지는 확실한 증거가 없지만 골프와 비슷한 경기는 수백 년의 역사를 갖고 있습니다. 로마제국 시대에 유행했던 '파가니카'와 프랑스의 '죄 드 마이' 그리고 독일의 '콜벤'이 바로 그것입니다.

이와 같은 다양한 설의 진위여부야 어떻든 골프를 처음 창안한 사람들이 스코틀랜드인이었다는 것만은 분명합니다.

초기 골프는 13세기 중엽, 스코틀랜드 지방의 넓은 초원에서 양치는 목동들이 우연히 돌멩이를 지팡이로 내려친 것이 토끼 굴속으로 들어간 데서 비롯되었습니다. 재미를 느낀 목동들이 계속해서 하는 과정에서 오늘날의 골프로 발전했다는 것입니다.

양들이 풀을 뜯던 초원은 잘 정비된 페어웨이가 됐고, 풀밭에 나뒹굴던 돌멩이는 골프 볼이 되었습니다. 여기저기 뚫려있던 토끼 굴은 깃발이 꽂혀있는 홀로 변했으며, 양떼를 몰던 목동의 지팡이는 골프채로 발전된 셈입니다.

또 스코틀랜드 동해안의 어부들이 배에서 내려 집으로 갈 때 바닷가에서 파도에 실려 온 나무막대기를 집어 들고 조약돌을 치다가 창안한 놀이라고도 합니다.

최초로 문서화된 골프규칙은 1744년 스코틀랜드 리스에서 리스젠틀맨골프회가 전문 13조항을 제정한 것입니다. 이후 1754년 세인트 앤드루즈 클럽이 약간 개정한 후 1897년 세인트 앤드루즈의 로얄 엔드 에인션트 클럽이 규칙위원회를 구성하여 규칙을 제정, 공포하였습니다.

이로서 골프는 본격적인 스포츠 경기로서 면목을 갖추게 되었습니다. 이후 골프는 예의와 체력을 바탕으로 자연과의 대화로 인생을 배우는 신사 스포츠로 그 역사를 열었으며, 19세기 이후 빅토리아 여왕시대에 중흥이 계속되어 점차 대중 속으로 퍼져나기기 시작했습니다.

골프경기는 1900년 제2회 파리올림픽대회에서 처음 채택되었습니다가, 1904년 제3회 세인트루이스대회를 끝으로 올림픽에서 제외되었으나, 2016년 제31회 리우데자네이루올림픽대회에 다시 정식종목으로 채택되었습니다. 또. 1982년 제9회 뉴델리아시아경기대회에서도 처음으로 정식종목으로 채택되었습니다.

우리나라에는 1924년 조선 철도국에 의하여 서울 효창공원 안에 9홀의 코스가 세워졌습니다. 이때에 처음으로 '경성구락부'라는 골프클럽도 탄생하였습니다.

대한골프협회(www.kgagolf.or.kr, 경기도 파주시 문발동 513- 12) 또는 한국골프전문인협회(www.kgsagolf.com, 경기도 화성시 반송동 104-8)를 찾으면 골프의 모든 것을 알 수 있습니다.

2) 당구공은 어떻게 발명되었나요?

19세기 중반 미국 상류사회에서 크게 유행한 것은 당구였습니다. 당구공도 상류사회에 걸맞게 아프리카코끼리의 상아로 만든 고가품이었습니다. 그런데 아프리카코끼리가 줄어들자 상아 수입에 비상이 걸리고, 당구공 생산은 중단 위기에 놓였습니다. 이때 당구공 회사의 대책은 당구공의 재료는 바꾸는 것이었고, 그 방법은 상아의 대용품 현상모집이었습니다. 상금은 당시로써는 상상도 할 수 없을 정도의 거액인 1만 달러였습니다.

1863년 뉴욕의 거리에 나붙은 '당구공으로 쓸 상아의 대용품 현상모집. 상금 1만 달러'라는 내용의 현상모집광고를 본 사람들은 너도나도 상아의 대용품 개발에 뛰어 들었습니다.

이때 하이엇이라는 청년도 이 현상모집 광고를 보고 동생과 함께 도전하기로 결심했습니다. 하이엇은 16세 때부터 인쇄공으로 일했는데 이미 몇 건의 발명 경력이 있는 발명가였고, 그때마다 동생도 함께 연구를 하곤 했습니다.

이에 따라 하이엇 형제의 발명은 일사천리로 진행되었습니다. 몇 차례의 실수를 거듭한 결과 드디어 나무 가루와 물에 불린 종이,

헝겊, 아교풀, 콜로디온, 셸 등 여러 가지 재료를 함께 반죽한 다음 단단하게 압축해서 당구공과 같은 모양을 만드는데 성공했습니다. 당시로써는 획기적인 발명이었습니다. 이것이 현재 우리가 사용하고 있는 당구공의 원조입니다.

그러나 콜로디온이 마른 뒤에는 공이 수축되는 등 상아의 성능에는 크게 못 미쳐 상금은 일부 밖에 받을 수 없었습니다. 그러나 틀니와 주사위 등 각종 물건을 만드는 재료로 다양하게 쓰이면서 하이엇 형제는 돈방석에 앉게 되었습니다.

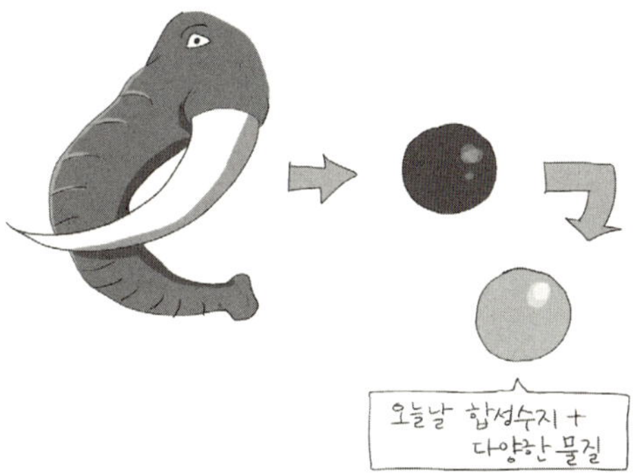

하이엇 형제는 서둘러 이런 단점을 보완했습니다. 그 결과 1869년 인류 최초의 플라스틱 원조 격인 신물질을 발명할 수 있었습니다. 하이엇 형제는 자신들이 발명한 신물질의 이름을 '셀룰로이드'라고 지은 후 특허등록을 받았고, 회사도 설립했습니다.

한편, 하이엇 형제 덕분에 열린 플라스틱 시대는 페놀수지인 베이클라이트 발명으로 이어졌습니다.

베이클라이트는 미국화학자 베이클랜드에 의해 발명되었습니다. 베이클랜드는 1910년 제너럴 베이클라이트회사를 설립해 플라스틱의 실용화에 힘썼습니다.

그 뒤로는 화학자들이 앞 다퉈 다양한 종류의 합성수지 발명에 뛰어들었습니다. 그 결과 요소 수지, 멜라민 수지, 불포화폴리에스테르 수지, 에폭시 수지 등이 잇따라 발명되었습니다.

이같은 발명에 힘입어 당구공의 품질도 크게 발전했습니다.

현재 벨기에 살뤽사에서 제조해 세계당구공 시장의 80%를 점유하고 있는 아라미스 당구공이 그 대표적 사례라 할 수 있습니다. 그러나 이 당구공은 화학적인 합성수지에 다양한 물질을 혼합해서 만든 것으로 추정될 뿐 정확한 성분은 극비로 아무도 알 수 없습니다.

제 5 장

발견이 하늘과 땅의 신비를 밝혀냈나요?

1. 동식물과 인체에서 발견된 것도 있나요?
2. 법칙과 원리에서 발견된 것도 있나요?
3. 공기에서 발견된 것도 있나요?
4. 금속에서 발견된 것도 있나요?
5. 하늘에서 발견된 것도 있나요?
6. 전류에서 발견된 것도 있나요?.

1

동식물과 인체에서 발견된 것도 있나요?

1) 세포는 어떻게 발견되었나요?

사람은 누구에게나 호기심이 있어서 무언가 들여다보기를 좋아하고, 궁금증을 갖기도 합니다. 그런데 대부분은 어떤 사물에 대해 궁금증이나 의문을 가졌다가도 시간이 지나면 곧 잊어버리거나 그냥 지나쳐 버립니다. 반면에 의문이 생기면 끝까지 파고들어 관찰하거나 조사하는 사람도 있습니다.

세포를 발견하게 된 영국의 로버트 훅도 무엇이건 들여다보기를 좋아하는 호기심이 많은 청년이었습니다.

그는 과학에 남다른 흥미를 가지고 있어서 공기나 화석을 연구하고, 사물을 자세히 관찰하기 위해 스스로 렌즈를 갈아서 현미경을 만들어 닥치는 대로 들여다보고, 확대한 모양을 그림으로 그리기도 했습니다.

'흐음, 꿀벌의 침, 파리의 눈과 다리, 빈대, 거미의 모양을 보았으니 오늘은 이끼의 털의 구조를 볼까?'

그렇게 현미경과 친구가 되어 여러 가지 동식물을 관찰하던 그가 1665년 어느 날, 코르크 조각을 잘라 들여다보게 된 것은 우연이 아니었습니다.

'이야, 이건 꼭 작은 방들 같네!'

코르크 조각을 관찰하던 그는 혼자서 탄성을 질렀습니다. 그리고는 다시 작은 식물을 현미경으로 관찰하다가 식물 역시 코르크와 마찬가지로 작은 방들로 되어 있다는 것을 알았습니다.

'오, 모두 이 작은 방들로 구성되어 있어. 이 작은 방을 세포라고 부르자.'

이 세포가 갖는 의미는 무엇일까요?

훅은 그 자신 생물학을 전문적으로 연구한 사람이 아니어서 세포의 의미를 확실하게 이해할 수 없었습니다. 그래서 식물이나 동물의 몸이 모두 세포라는 단위로 구성되어 있을 것이라고는 생각하지 못했습니다.

세포에 관한 최초의 관찰은 이렇게 훅에 의해 시작되었고, 그로부터 시간이 흐름에 따라서 동식물의 복잡한 구조는 연구에 의해 점점 드러나기 시작했습니다.

훅이 세포를 발견하고 200여년이 지난 후, 독일의 슈반이라는 학자는 뼈나 신경 및 근육이 형성되어 가는 것을 연구하다가 이 모든 것이 세포로 구성되어 있다고 생각했으나 발표하기를 꺼려하여 혼자만 간직하고 있었습니다.

1831년, 영국의 로버트 브라운은 식물표피의 세포 속에 작은 알맹이가 있다는 것을 발견하고 핵이라 불렀으며, 그 후 여러 식물의 다른 구조 속에서도 핵이 있다는 것을 발표했습니다.

독일의 식물학자 슐라이덴이 슈반을 만나 서로의 연구에 관하여 이야기를 나누게 될 기회를 갖고 있음을 알게 되었습니다.

"슐라이덴, 당신의 연구실에 가서 세포에 관련된 여러 가지 사실을 확인하고 싶은데요."

"좋습니다. 슈반!"

그들은 식물이 자라는 모양을 관찰하며, 식물은 세포가 모여서 이루어졌고, 식물이 성장하는 것은 세포가 늘어나기 때문이라고 확신하게 되었습니다.

슐라이덴은 1838년 '식물의 발생에 관하여'라는 논문을 발표했습니다. 슈반은 뼈의 발생이나 과정을 연구하여 동물의 몸도 세포로 구성되어 있음을, 1839년 '동물과 식물의 구조 및 성장에서 볼 수 있는 일련의 현상에 관한 현미경적 연구'라는 논문을 통해 세상에 알렸습니다.

슈반과 슐라이덴의 세포설에 반대하는 학자도 있었으나 이것은 점점 사실임이 입증되었습니다.

"동물의 알도 단지 하나의 세포일 뿐입니다."

"달걀은 굉장히 큰데, 그렇다면 세포가 그렇게 크단 말입니까?"

"아닙니다. 그것은 세포에 양분이 많이 들어있기 때문이지요."

세포의 구조에 관하여는 정확한 사실에 바탕을 두지 못했으나, 세포설은 생물학의 발전에 증대한 역할을 했습니다.

1844년, 독일의 H 본 몰은 '모든 세포는 세포의 분열에 의해 발생하며, 세포를 만들고 있는 물질은 원형질이다.'라고 밝혔습니다.

1854년 비르효는 '모든 세포는 세포에서 생긴다.'고 주장했고, 1861년 슐체는 '세포는 핵 안의 원형질로 만들어진 것이다.'라고 정의했습니다. 이로써 생물의 성장은 세포분열로 이루어짐을 믿게 되었습니다.

2) 혈액형은 어떻게 발견되었나요?

수혈치료법이 안전한 치료법으로 뿌리를 내릴 수 있었던 것은 혈액형 분류법이 발명되었기 때문이었습니다. 혈액이라 해서 모두 같은 것이 아니라 서로 다르다는 것을 발견하고, 거기에 A형, B형, C형이라는 명칭을 붙인 것입니다. C형은 나중에 그 명칭이 O형으로 바뀌었습니다.

혈액분류법을 발명한 사람은 오스트리아의 카를 란드스타이너로, 그는 비엔나대학에서 의학을 공부한 후 병리학자가 되어 많은 업적을 남겼습니다. 그의 업적 중 가장 돋보이는 것은 A형, B형, O형이라는 혈액형의 발견과 그 분류법의 발명입니다. 이 업적으로 1930년 노벨상의 받기도 했습니다.

란드스타이너가 혈액이 서로 다르다는 것에 주목하게 된 것은 앞서 발명된 혈액 수혈법 때문이었습니다. 혈액 수혈법 실험결과 중 동물의 혈액을 사람에게 수혈하였을 때 수혈된 동물의 적혈구가 엉기고 용혈되었다고 보고한 내용이었습니다.

바로 이것이 란드스타이너로 하여금 혈액형 분류에 도전하게 하였고, 그는 서둘러 연구에 착수하였습니다.

이 연구에서 그는 사람의 혈액을 다른 사람에게 수혈했을 때도 적혈구가 용혈된다는 사실을 밝혀냈는데, 여기에서 사람의 혈액이 서로 다를 수 있다는 추리를 하게 되었습니다. 바로 이 추리가 혈액형 분리법을 발명하는 기본이 되었습니다.

네 번째 혈액형인 AB형은 란드스타이너가 아닌 그의 제자 데카스텔로와 스툴리가 1902년에 발견했습니다.

데카스텔로와 스툴리의 AB형 발견 동기도 스승인 란드스타이너와 동일했습니다. 분류된 혈액인데도 용혈되자 A, B, O형 외에도 또 다른 혈액이 있을 수 있다는 결론에 도달했고, 그 결론은 곧 AB형의 발견으로 이어진 것입니다.

본격적인 혈액적합검사시대를 연 사람은 병리학자 오텐버그입니다. 1907년 그는 혈액분류법의 중요성을 인식하고 수혈 전 혈액적합검사는 선택이 아닌 필수임을 강조했고, 그의 주장을 의학계에서 받아들인 것입니다.

오텐버그는 직접 수혈 전 환자의 혈액적합검사를 했고, 그 수혈은 하나같이 성공했습니다. 이에 따라 오텐버그는 수혈적합검사를 최초로 시행한 사람으로 기록되고 있습니다.

우리나라에 혈액형 분류법이 도입된 것은 구한말인 것으로 전해지고 있습니다.

2

법칙과 원리에서 발견된 것도 있나요?

1) 만유인력의 법칙은 어떻게 발견되었나요?

쇳덩이, 나무, 새의 깃털 등 무거운 것이나 가벼운 것이나 위에서 떨어뜨리면 모두 밑으로 떨어집니다.

왜 모든 물체는 땅에 떨어질까요?

왜 무거운 것일수록 빨리 떨어지고 가벼운 것은 천천히 떨어질까요?

아리스토텔레스는 무거운 물체는 가벼운 물체보다 아래쪽으로 빨리 떨어지는 성질이 있어서 빨리 떨어진다고 했고, 그래서 사람들도 처음에는 그렇게 믿었습니다.

그런데 이 학설에 의문을 품은 사람이 있었습니다. 바로 피사의 사탑이 있는 이탈리아 피사대학의 갈릴레오 갈릴레이 교수입니다.

"자, 여러분! 제 손에는 무게가 각각 다른 두 개의 금속이 있습니다. 어느 것이 먼저 떨어질까요?"

아리스토텔레스의 학설대로라면 무게가 각각 다르니까 무거운 것부터 떨어져야 옳습니다. 그러나 갈릴레이의 실험 결과, 두 금속은 똑같은 시간에 동시에 땅에 떨어졌습니다.

"자, 이제 알았지요? 무거운 물체나 가벼운 물체나 조금도 틀리지 않고 같은 시간에 떨어졌습니다. 그런데 나뭇잎이나 새의 깃털처럼 가벼운 것이 천천히 떨어지는 것은 그 물체가 가벼워서가 아니라 공기의 저항이 떨어지는 물체를 방해하기 때문입니다."

"공기의 저항?"

"그렇지요. 물체가 아래로 낙하하는 것은 지구 자신의 위에 있는 물체를 그 중심으로 끌어당기는 힘 때문입니다. 이것이 중력입니다. 그러니까 공기의 영향을 받지 않는 곳, 즉 진공상태에서는 돌멩이나 나무, 새의 깃털, 금속 등이 모두 동시에 낙하합니다."

이 위대한 실험을 피사의 사탑에서 보여준 갈릴레이가 1642년 세상을 떠나던 해, 영국의 한 농가에서는 아이 잭 뉴턴이라는 아기가 태어났습니다.

뉴턴은 태어나기 몇 달 전 아버지를 여의고 홀어머니 밑에서 자라다가 어머니마저 재혼하는 바람에 외할머니와 함께 병약한 소년으로 성장했습니다.

"애야, 내가 돌아왔다."

뉴턴이 14살 되던 해, 그의 어머니는 다시 돌아와 그와 함께 살게 되었지만 뉴턴은 우울한 환경 때문이었던지 친구들과 어울려 노는 것보다 혼자서 자연현상을 관찰하거나 해시계와 물레방아 등 여러 가지 기계들을 만들며 놀았습니다. 동네 아이들은 그런 뉴턴을 바보, 목수라고 놀렸습니다.

그가 16살이 되던 해, 바람이 세차게 부는 어느 날이었습니다.

뉴턴은 혼자서 바람이 부는 방향으로 뛰어보고, 반대방향으로 뛰어보고, 제자리에서도 뛰어봤습니다.

'이상하다. 지구에 중력이 있어서 뛸 때 몸이 곧바로 제자리에 떨어지는 것은 알겠는데, 바람의 힘이 세다고 해서 중력을 방해할 수 있다니?'

뉴턴이 뛰는 모양을 보고 지나가던 농부는 그를 정신이 이상하다고 생각했지만 교회의 목사인 그의 외삼촌은 뉴턴의 남다를 재능을 발견하고 케임브리지 대학에 입학시켰습니다.

24세가 되던 해, 유럽 전역을 휩쓴 무서운 페스트가 영국에도 침입하여 대학을 휴학하고 뉴턴은 고향에 돌아와 태양광선의 연구를 하고 있었습니다.

그러던 1666년 가을 어느 날, 집 앞뜰에 앉아 생각에 잠겨있던 그의 눈앞으로 잘 익는 사과 한 개가 떨어졌습니다.

'갈릴레이의 피사의 실험을 생각나게 하는구나. 사과가 땅에 떨어지다니. 왜 사과는 땅에 떨어지는 것일까?'

다음 순간 그의 머릿속으로 한 생각이 급히 지나갔습니다.

'지구에 중력이 있어서 물체를 잡아 다니는 힘이 있다면, 사과 쪽에도 그런 힘이 있어야 하지 않나?'

뉴턴은 지구뿐만이 아니라 다른 어떤 물체에도 물체를 잡아 다니는 힘이 있을 것이라 생각하고 연구를 시작하여 마침내 그의 나이 42세가 되던 해, 이 이론을 완성했습니다.

'지상에서 물체가 낙하하는 것은 중력 때문이며, 이 힘은 지구와 달의 사이에도 작용하고, 이러한 힘을 우주 전체의 모든 물체에 적용시켜 만유인력이라고 부른다.'

2) 상대성 원리는 어떻게 발견되었나요?

앨버트 아인슈타인하면 어린이들 까지도 그가 누구인지 압니다.

그는 과학자요, 평화주의자이며 음악가, 자연을 남달리 사랑한 특별한 사람입니다. 그가 이렇듯 유명한 사람이 된 데는 이유가 있습니다. 무엇 때문이었을까요?

아이슈타인은 독일에서 유태인의 아들로 태어났습니다. 그는 철이 들기도 전부터 유태인에 대한 조롱과 멸시 속에서 가난과 싸우며 살아야 했습니다.

'유태인들은 악당이야. 놀지도 마!'

친구들과 사회로부터 천대를 받을수록 아인슈타인은 유태인의 긍지를 잃지 않고 열심히 공부하겠다는 결심을 굳혔고, 쓸쓸할 때면 어머니로부터 배운 바이올린을 연주하며 외로움을 달랬습니다.

그의 고달픈 환경은, 후에 그가 대 물리학자가 된 다음에도 평화주의자가 되어 인류를 위한 봉사에 이바지하게 했습니다.

유달리 수학을 좋아했던 그는 1900년 가을, 취리히 공과대학을 우등으로 졸업하여 수학과 물리학 교사 자격증을 받았으나 유태인이라는 이유로 어느 학교에서도 받아주지 않았습니다.

가정교사로 역경을 참고 견디던 그는 후에 스위스 국적을 얻어 특허청에서 일하게 되었습니다. 그는 겉보기에는 평범한 직원이었지만, 퇴근하면 집에 도착하기 무섭게 연구에 몰두했습니다.

'뉴턴의 법칙은 어떤 공간에서는 그릇되고 있어.'

지구는 엄청나게 빠른 속도로 태양의 주위를 돌고 있는데, 지구의 이 운동이 빛의 속도에 어떤 영향을 미치는가를 조사한 미국인이 있었습니다. 조사 결과 빛의 속도는 지구운동의 영향을 받지 않는다는 분석이 나왔으나 이 사실을 설명할 방법이 없어 많은 학자들이 고심하고 있을 때, 아인슈타인도 이 문제 해결을 위해 복잡한 계산을 시작했습니다.

아인슈타인은 자기의 연구가 진행됨에 따라 당시 사람들이 전적으로 신뢰하고 있던 뉴턴의 고전역학의 일부가 어떤 공간 운동에서는 오류가 있다는 것을 알게 되었습니다.

1905년 드디어 자신의 연구를 독일의 학술지에 발표했습니다.

'특수상대성원리는 빛의 속도, 물체의 길이 또는 시간, 물체의 운동에 대한 설명의 근본 원리를 말한다.'

이 상대성원리는 너무 복잡하고 오묘한 수식으로 되어 있어서 그가 천재적인 두뇌로 밝혀내기 전에는 아무도 할 수 없었습니다.

그의 연구가 발표되자 많은 학자들이 처음에는 잘 믿으려하지 않았으나, 유명한 과학자들 중에는 관심을 갖기 시작하는 사람도 있었습니다.

아인슈타인은 자기의 학설을 실제로 실험하여 관찰할 기회를 기다렸습니다.

1912년 그는 취리히 공과대학의 교수가 되어 연구를 꾸준히 했고, 2년 후에는 빌헬름 연구소의 물리학 부장이 되었습니다. 그동안 연구에 열중하여 다시 한 번 세계를 놀라게 했습니다.

바로 일반 상대성이론을 발표했습니다.

1919년 남아프리카에서 개기 일식을 볼 수 있게 되었는데, 마침내 그의 이론을 입증할 기회가 온 것입니다.

"그러니까 태양은 아주 큰 인력을 가지고 있는데, 태양이 달에 가려서 검게 되었을 때 빛의 운도에 변화를 볼 수 있단 말이지요?"

"그렇다니까요. 만약 별빛이 태양 옆을 지나올 때 약간이라도 구부러지면 아인슈타인의 이론이 맞는 겁니다."

그러자 그 해 5월 28일, 영국의 천문학자인 에딩턴은 남아프리카에 가서 개기일식을 세밀히 관찰하며 촬영했습니다.

"과연 아인슈타인의 이론처럼 빛이 인력에 의해서 구부러질까?"

결과는 별빛이 태양의 옆을 지나면서 분명히 굴절되는 것이 확인되었습니다.

"와, 아인슈타인은 정말 천재군."
"어쨌든 그의 상대성원리의 정당성이 증명된 셈이야!"

이 시기에 러더퍼드의 연구에 의해서 원자의 구조가 점점 밝혀지면서 아인슈타인의 이론을 발전시키면 원자핵을 파괴할 때 막대한 에너지를 얻을 수 있다는 것이 알려졌습니다

. 대 폭발력의 위력의 가진 원자탄의 발전도 사실은 그의 이론을 응용한 것이었습니다.

고난과 압박과 학대 속에서도 굴하지 않은 한 인간의 긍지와 노력의 소산입니다.

3

공기에서 발견된 것도 있나요?

1) 산소는 어떻게 발견되었나요?

옛날 어느 왕이 자기가 가지고 있는 작은 다이아몬드 조각들을 손에 들고 이렇게 말했습니다.

"이 작은 다이아몬드들도 좋지만 하나의 큰 다이아몬드라면 더욱 빛이 영롱하고 좋을 텐데……"

왕은 궁리 끝에 다이아몬드를 모두 모아서 유리처럼 녹여 큰 다이아몬드로 만들기 위해 열을 가했습니다.

어떻게 되었을까요?

"폐하, 모두 하얀 재로 변해버렸습니다."

"무엇이라고? 왜 그렇게 되었지?"

반짝이던 다이아몬드였지만, 숯과 같이 탄소라는 원소로 이루어져있어 강한 열을 가하면 타버린다는 것을 왕이 미처 몰랐기 때문입니다.

탄소나 산소 등의 원소가 발견되기 전의 이야기입니다.

그렇다면 이 원소들은 어떻게 발견되었을까요?

1767년 가을날, 영국의 리즈라는 마을에 큰 양조공장이 있었는데 포도를 발효시키는 과정을 유심히 관찰하는 사람이 있었습니다.

"프리스틀리 목사님 아니세요! 뭘 그렇게 열심히 보고 계세요?"

지나가던 직원의 말에 그가 대답했습니다.

"저 거품 말입니다. 저것을 좀 떠가도 되겠습니까?"

직원은 대수롭지 않다는 듯 시원스럽게 말했습니다.

"거품이라고요? 얼마든지요."

프리스틀리는 발효 통에서 발생하는 거품을 떠가지고 집으로 돌아왔습니다.

그의 집에는 여러 가지 실험기구들이 즐비했습니다. 그는 발효 거품 말고도 여러 가지 기체를 모으는 방법을 연구하여 물에 녹기 쉬운, 그때까지 사람들이 모을 수 없었던 암모니아 가스나 염산의 증기를 병 속에 모았습니다. 그리고 기체를 모으기 위해 여러 고체의 물질을 가열하여 어떤 기체가 발생하는지를 실험했습니다.

'음, 수은을 공기 속에서 세게 가열했더니 점점 붉은 색을 띠기 시작하는군. 다음에는 어떻게 될까?'

가열된 수은은 결국 붉은 가루가 되었습니다. 그리고 다시 가열하자 본래의 수은이 되는 것이었습니다.

이 현상에 관심을 갖게 된 그는 거품 속에 어떤 기체가 있지 않을까 하고 실험을 계속하였습니다. 그 결과 프리스틀리는 어떤 물질을 보통의 공기보다 불에 잘 타게 하며, 동물이 그 속에서 더 오래살 수 있게 하는 기체를 발견했습니다.

"이 새로운 기체를 '플로지스톤을 잃어버린 공기'라고 부르자."

1774년 8월 1일의 일입니다.

그리고 2개월 후인 10월 어느 날, 프랑스를 방문한 프리스틀리는 그의 발견에 대해 자세히 설명했습니다. 이 설명을 들은 프랑스의 앙트와느 라브와지에는 '연소라는 것은 무엇인가?'라는 연구를 하고 있었는데, 프리스틀리의 연구결과에 힘을 얻어 새로운 기체에 대한 연구를 계속했습니다.

"드디어 찾았다! 공기 속에서 물질을 잘 타게 하는 이 성분, 바로 이거다."

라브와지에는 이 기체에 '산소' 라는 이름을 붙였습니다. 그리고 이 산소가 공기의 5분의 1정도의 부피를 차지한다는 것도 밝혀냈습니다.

다이아몬드나 인이 타는 것도 모두 이 산소가 있기 때문입니다. 그리고 생물이 살아가는데 이 기체가 없으면 생명을 유지할 수가 없습니다.

라브와지에는 동물의 호흡에 산소가 절대적으로 필요하다는 것을 확실하게 관찰하고 입증했습니다. 그는 또 호흡은 일종의 연소현상이며 동물체의 일정한 온도는 산소와 피 속의 탄소물질의 결합에 의해 방출되는 열로 유지되는 것이라 설명했습니다.

그는 1789년 '화학요론'이란 책을 출간하여 '원소란 분석이 도달할 수 있는 최후의 점'이라 정의하고, 33종의 원소를 선정하여 새로운 화학용어로 표를 만들기도 했습니다.

산소의 발견은 근대 화학혁명의 주춧돌이 된 것입니다.

2) 수소는 어떻게 발견되었나요?

처음 발견될 당시에는 '불에 타는 공기'로 불리었던 수소.

21세기 새로운 연료로 각광받는 수소는 누가 언제 어떻게 발견했을까요?

발견자는 영국의 화학자 캐번디시.

그는 영국의 명문 귀족의 집안에서 태어나 어느 학자보다도 부자였고, 많은 부자들 중에서도 으뜸가는 화학자라는 말을 들었습니다. 아무 걱정 없이 연구에만 몰두할 수 있었기 때문이었습니다.

그래서인지 그는 돈과 명예에는 관심이 없었다고 합니다. 특히 내성적이고 사람을 싫어하는 성격이어서 세상을 피해 런던의 자신의 연구실에서 혼자 연구에 몰두했던 별난 성질의 화학자였다고 전해지고 있습니다.

사실 금속에 황산을 끼얹으면 수소가 빠져 나온다는 수소의 정체는 영국 과학자 로버트 보일과 벨기에의 과학자 판 헬모트 등도 오래전부터 알고 있었습니다.

그러나 그들은 불에 타는 공기를 용기에 모아서 그 성질을 구체적으로 연구하지는 않았습니다. 그러므로 그 정체를 처음 밝힌 캐번

디시가 수소의 발견자로 기록되어 있습니다.

'금속에 황산을 뿌린 뒤에 빠져 나오는 거품은 무엇일까?'

그는 곧 가지고 있는 금속에 산을 뿌리고 빠져 나오는 기체를 모아 보았습니다. 그렇지만 그 기체는 석회수 속에 넣어도 석회수를 하얗게 바래지도록 하지는 못했습니다.

'고정 공기라면 양초의 불을 넣어도 꺼질 테지.'

그렇게 생각하고 그 기체 속에 촛불을 접근시켜 보았더니 놀라운 일이 발생했습니다. 불은 꺼지기는커녕 순식간에 타면서 번지는 것이었습니다.

'이것은 대발견이다. 이산화탄소나 보통 공기와는 다른 새로운 기체다.'

순간 그렇게 생각한 그는 염산이나 황산 속에 철, 주석, 아연 등 연달아 금속을 넣고 빠져 나온 기체를 모아서 그 성질을 분석했습니다. 그 결과는 어느 것도 마찬가지였습니다. 모두 불에 타는 기체가 빠져나온 것입니다. 그래서 그는 이 공기를 보통 공기와 여러 가지의 비율로 섞어서 불을 켜 보았습니다. 조용히 불타는 때도 있었지만 폭발을 일으키는 때도 있었습니다.

'불에 타는 공기라…'

그는 이 공기가 그 자신이 불에 타는 성질이 있으므로 '불에 타는 공기'라는 이름을 붙여 발표했습니다. 1766년의 일입니다.

드디어 수소라는 기체가 발견된 것입니다.

4

금속에서 발견된 것도 있나요?

1) 금은 어떻게 발견되었나요?

원자번호 79번의 원소로, 원소기호는 Au.

금은 구리와 함께 인류가 맨 처음 발견하고 사용한 원소입니다.

고대로부터 지금까지 가장 귀하고 소중한 원소로 사랑을 독차지하고 있는 금은 이제 돈 못지않은 재산으로 평가받고 있습니다.

금은 주로 장식품으로 쓰이기 시작하여 치과 · 전자공업 · 의료 진단 및 치료 등 다양한 분야에 쓰이고 있습니다. 그렇다면 금은 언제 누가 발견했을까요? 정확한 답은 없습니다.

최초의 금은 자연에서 원소상태로 채취한 것이었습니다.

다만 금이 처음 장신구 등에 사용된 것이 후기 석기 시대로 알려져 있을 뿐입니다. 이는 유물의 발견이 말해주고 있습니다. 지금까지 출토된 금으로 만든 유물 중 가장 오래된 장식품은 기원전 5000년경에 만들어진 것으로 추측되고 있습니다.

그렇다면 광석에서 금을 분리하여 제련하는 방법은 언제 누가 발명했을까요? 고대 이집트인들이 기원전 3600년경에 발명한 것으로 알려져 있습니다. 당시 그들은 태양을 신으로 믿었고, 금은 태양을 상징한다고 여겼으며, 금을 세상에서 가장 귀하게 생각했습니다.

금은 이후에도 소중한 금속으로 손꼽혔으며, 메소포타미아인들은 기원전 3000년경 투구까지 만들어 사용했고, 소아시아 반도의 리디아 왕국에서는 기원전 650년경에 금화를 만들기도 했습니다. 이 금화는 순금은 아니었고 금과 은의 합금이었는데, 그 비율은 75 대 25 정도였습니다.

금의 순도를 측정할 수 있는 방법은 기원전 1350년경 메소포타미아인들에 의해 발명되었습니다.

금이 부의 상징으로 떠오르면서 아랍 및 중세유럽에서는 금을 값싼 금속으로 만들겠다는 연금술이 크게 유행하기도 했습니다. 그러나 성공한 사람은 없었습니다. 모두 거짓이었습니다.

또, 금을 확보하기위한 전쟁도 있었고, 미지의 대륙을 찾아나서는 탐험가들도 있었습니다.

금은 역사가 흐르면서 그 가치가 높아지면서 19세기에는 세계 곳곳에서 금광 붐이 일기 시작했습니다. 미국 서부, 호주, 뉴질랜드, 오스트레일리아, 남아프리카, 캐나다 등이 그 대표적인 지역입니다.

우리나라는 1930년대에 일본인들이 전국을 샅샅이 뒤져 금광을 개발했습니다.

2) 은은 어떻게 발견되었나요?

원자번호 47번의 원소로 원소기호는 Ag. Ag는 라틴어로 은을 의미하는 argentum에서 비롯된 것이고, 프랑스어의 argent 또한 여기서 비롯한 것으로 보입니다. 영어의 silver와 독일어의 Silber 역시 아시리아어의 은을 의미하는 sarpu에서 비롯된 것으로 보입니다.

은은 고대부터 금 다음으로 귀하게 여겨져 온 금속입니다. 귀금속을 말할 때 '금은'이라고 말하고, 귀금속을 취급하는 곳을 '금은방'이라고 이름한 것도 이를 말해주고 있습니다.

은은 고대부터 널리 사용되어온 천연에서 원소 상태로도 존재하온 금속입니다. 은의 고대 공급원은 방연석으로 고대에는 납과 같이 산출한 것으로 알려지고 있습니다.

천연에 원소 상태로 존재하던 은을 처음 산출한 것은 초기 청동기 시대인 기원전 3000년경. 소아시아 지역에서 납 광석으로부터 화취법을 사용하여 산출한 것으로 알려지고 있습니다. 이 화취법이 이후 세계 각국에 전해진 것으로 알려져 있습니다.

은은 BC 3000년경 이집트 메소포타미아의 고대 유적으로부터 발견되며, 바빌로니아 제국시대의 은제 항아리 등이 출토되었습니다.

로마 시대에는 연간 약 200톤의 은이 생산된 것으로 알려지고 있는데, 고대에 이처럼 많은 은을 생산한 것은 로마시대뿐이었습니다. 이후 2세기 무렵에는 약 1만 톤의 은이 유통되어 로마 화폐 발전에 기여하기도 했습니다.

의학의 시조로 일컬어지는 히포크라테스는 은이 질병을 치료하고 예방하는 성질을 가지고 있음을 기록하였고, 페니키아인들은 물·포도주 · 식초를 은제 용기에 보관하여 부패되는 것을 막았습니다.

이 같은 효능이 국제적으로 공인받게 된 것은 1920년대에 미국 식품의약국이 항균제로 은 용액을 사용하는 것을 허가하면서 부터였습니다.

산업사회가 열리면서 은은 베어링 · 사진공업 · 주방기기 · 땜납 · 치과용 등은 물론 전자산업에도 사용하게 되는데, 이는 은이 열 및 전기전도율이 금속 중 가장 높기 때문입니다.

우리나라에서는 15세기에 함경도 단천에서 납 광석에서 은을 얻는 데 화취법을 사용한 것으로 전해지고 있습니다.

5

하늘에서 발견된 것도 있나요?

1) 성층권은 어떻게 발견되었나요?

높은 산에 올라가면 올라갈수록 추워진다는 것을 알 수 있습니다.

그러면 우리가 지구상에서 높이 올라갈수록 기온은 점점 내려만 가는 걸까요? 더욱 높이 올라가면 어떻게 변화할까요?

이에 대한 궁금증은 고대에도 있었든지 희랍시대부터 구름의 높이에 대하여 여러 가지 설명이 있었으나, 높이가 6300미터 이상이라고 생각지 못했습니다.

사람들의 대기권에 대한 관심은 18세기 후반부터 더욱 두드러지게 나타나서 연이나 기구를 이용하여 탐사를 시작했습니다.

"형, 저 하늘의 구름 위에는 뭐가 있을까? 정말 궁금해?"

"작크, 너도 그렇지? 나도 그래!"

"그럼, 우리 저 높은 산으로 올라가 봐!"

1782년, 프랑스 리옹 부근의 앙노네에 있는 제지공장 주인의 두

아들인 조제프와 작크는 비바레산의 기슭을 따라 흘러가는 구름을 바라보며 말했습니다.

"형, 우리 더 높은 하늘에 뭐가 있는지 연을 띄워 볼까?

"그래, 열기구도 만들어 보자."

그들은 뜨거운 수증기는 자꾸 위로 팽창한다는 것을 알고 있었기 때문에 종이 주머니를 뜨거운 연기로 채워 실험을 했습니다. 그리고 연기뿐만 아니라 뜨겁게 가열한 공기를 가득 채운 기구를 하늘 높이 띄우기로 하고 실험을 했습니다.

"아니, 저게 뭐야?"

"풍선 같은 것이 하늘 높이 올라가고 있어!"

이듬해, 조제프 형제는 넓은 장터에서 사람들이 모두 구경하는 가운데 뜨거운 공기를 채운 열기구를 하늘 높이 띄웠습니다.

이 소문은 곧 파리에 전해졌고, 파리의 과학학사원에서는 기구 실험위원회를 만들어 본격적인 실험에 착수했습니다.

물리학자인 샤를은 1783년 8월, 비단으로 만든 수소가스 기구를 띄웠고, 조제프와 작크 형제는 인간이 탑승한 기구를 실험했습니다. 인간이 공중에 올라간 첫 번째 기록입니다.

다음해, 영국의 제프리즈와 프랑스의 브랑샬이 서로 협력하여 기상관측을 목적으로 한 기구를 만들어 올렸습니다. 그들은 한란계, 기압계, 온도계, 나침반 등의 기계를 싣고 같이 올라갔습니다.

"나는 지상에서의 높이에 따라 기온은 어떻게 변하고, 바람은 어떻게 변화하는지 알고 싶어요."

제프리즈의 말입니다. 이 실험으로 높이 올라가면 올라갈수록 기온도, 기압도 낮아진다는 것을 확인했습니다.

그 후로도 높은 곳의 기상관측을 하려는 사람들의 실험은 계속되어 1893년 프랑스에서 기구를 16킬로미터까지 올렸고, 이러한 꾸준한 노력이 성층권의 발견으로 이어졌습니다.

20세기 기상학은 성층권의 발견에서부터 시작되며, 이 성층권은 1902년 프랑스의 디스랑 폴에 의해 발견되었습니다.

그의 발견에 의하면 기온은 높이 올라갈수록 내려가나, 그 내려가는 정도는 높이 올라갈수록 큽니다. 그러나 11킬로미터를 지나면 기온이 거의 내려가지 않습니다.

이리하여 대기의 대류권 상층에는 온도의 변화가 없는 성층권이 있다는 것을 발견하게 된 것입니다.

우리 인간은 보통 지표면에서 겨우 몇 미터의 대기 안에서 생활합니다. 비행기는 10킬로미터 이하에서 날고 있는 것이 보통이고,

특별한 경우 15킬로미터 전후에서 비행합니다.

그런데 대기의 성질은 높이에 따라 여러 층으로 구별됩니다. 어떻게 구분되는지 알아둡시다.

먼저 지표에서 10킬로미터 정도의 공간은 대류권이라 하고, 구름이나 비, 바람 등을 일으키는 기후 현상은 이곳에서 발생하며, 높이 오를수록 기온은 내려갑니다.

성층권은 10~30킬로미터 정도의 공간을 말하며, 높이에 관계없이 기온은 거의 일정하며 날씨는 언제나 맑습니다.

30~80킬로미터의 공간은 화학권으로 태양광선에 의한 화학변화가 일어나며, 수증기가 탄산가스도 분해합니다.

80~400킬로미터까지는 전리권, 400~1000킬로미터 까지는 중간권, 1000킬로미터 이상의 공간을 위기권이라 합니다.

2) 성운은 어떻게 발견되었나요?

밤하늘에는 수많은 별들이 반짝입니다. 마치 은가루를 뿌려놓은 듯합니다. 별들은 대체 무엇일까요? 몇 개나 될까요? 그 별에도 사람이 살고 있을까요? 그저 아름답기만 한 별들을 밤마다 관찰하며 이렇게 생각하는 사람이 있었습니다.

지금으로부터 2백 년 전, 영국 런던에 살았던 독일 태생의 윌리엄 하셀이라는 음악가가 바로 그입니다.

"캐로린, 어서 가자. 늦겠다."

하셀과 캐로린 형제는 잘 알려지지 않은 음악가로 밤마다 음악을 연주하여 생활비를 벌었으나, 낮이면 망원경을 제조하는 천문학자로서 깊은 밤중까지 별에 대한 연구를 계속했습니다.

망원경의 제작과 별의 관찰을 시작한지 10년째 되던 어느 날.

"형, 기분 좋은 일이라도 있어요?"

"응 캐로린, 새로운 별을 발견했어. 이름을 '조지의 성'이라고 지었지."

조지라는 이름은 당시 영국 국왕의 이름으로, 조지 왕 또한 별의 관찰을 즐겨서 궁전 안에 망원경을 세워놓고 별을 관찰하곤 했습니다.

하셀은 자신이 새로 발견한 새로운 별에 대해 1781년 3월, 유명한 학자들이 모이는 '왕립학회'에 보고했습니다.

이로써 유명해진 하셀은 자신이 발견했던 별의 이름을 천왕성으로 고치고, 천문학자로서의 뛰어난 재능을 인정받아 영국의 왕실천문학자가 되어 별의 관찰에 몰두했습니다.

하셀은 이때부터 아주 커다란 망원경을 만들어 매일 밤하늘을 끝에서 자로 재듯 차례차례 관찰하기 시작했습니다.

그러던 어느 날 밤, 그는 이상한 별을 보았습니다.

"뭐야, 별들이 작은 구름처럼 뽀얗게 빛나고 있네!"

그것은 큰 망원경으로 보면 작은 별들이 모여 있는 것으로서 보통 '성운'이라고 불리는 것이었습니다. 당시 프랑스의 메시에라는 천문학자가 100여 개 정도의 성운을 발견한 것으로 알려져 있습니다.

하셀은 자신의 망원경으로 성운을 찾아보았습니다.

'아니, 100여개가 아니라 200개도 넘네. 299, 300개…'

성운을 찾기 시작한 그는 1802년까지 약 2,500개 정도의 성운을 발견했을 뿐만 아니라 성운의 여러 가지 모양도 발견했습니다.

'그물처럼 퍼져 있는 것, 회오리 모양, 볼록렌즈 모양도 있군.'

하셸은 어느 날 밤, 가이라고 불리는 많은 별들이 모인 은하도 역시 하나의 성운이 아닐까 하고 은하를 더욱 자세히 관찰했습니다.

'은하도 분명히 성운이야! 태양이나 지구, 화성, 천왕성 등은 모두 은하성운을 이루는 한 부분이군.'

그의 생각은 옳았습니다. 태양이나, 지구, 화성, 천왕성 등이 모두 은하성운을 이루는 한 부분인 것입니다.

그의 연구는 계속되었고, 아들 존 하셸도 아버지의 뒤를 이어 별의 연구를 하면서 5000개를 넘는 성운을 발견했습니다. 하셸 부자의 연구는 천문학상의 튼튼한 초석입니다.

1916년, 미국 윌슨 천문대에 100인치 망원경이 설치되면서 우주성운을 더욱 자세히 관측할 수 있게 되었습니다.

우주에는 은하성운 외에도 많은 성운이 있으며, 어떤 모양으로 이루어져 있고, 그 속에 별의 상태가 어떻게 되었는지 자세히 알 수 있게 되었습니다.

미국의 팔로마 천문대에는 200인치 망원경을 설치하였으며 이 망원경을 통하여 우주에는 1억 개 이상의 성운이 흩어져 있고, 1억 천 개의 별로 이루어진 은하성운도 전체 우주에서 볼 때는 바다에 떠 있는 하나의 작은 섬에 불과하다는 것을 알게 되었습니다.

태양은 은하성운의 중심에서 약 3만 광년(1광년은 빛의 속도로 1년 걸리는 거리) 떨어진 거리의 가장자리에 있으며, 항성으로서는 매우 외로운 존재라고 할 수 있으나, 그 빛은 생명의 힘을 주며 희망과 광명의 상징입니다.

6

전류에서 발견된 것도 있나요?

1) 유도전류는 어떻게 발견되었나요?

과학은 특수한 사람들만 아는 지식이고, 발견이나 발명은 많이 배우고 좋은 학교를 나와야만 할 수 있다고 알고 있는 사람이 많습니다.

그러나 위대한 발견이란 지식보다는 열정에 의해 탄생되는 경우가 많습니다. 마이켈 패러디의 경우도 한 좋은 예입니다.

"아니? 패러디, 밤늦게까지 무얼 하고 있는 거야?"

영국의 조그만 제본소를 운영하던 조지 괴바우는 직원들이 모두 돌아간 공장주위를 둘러보다가 공장 구석에 촛불을 켜놓고 무엇인가 열심히 들여다보며 적고 있는 한 소년을 발견했습니다.

"아, 사장님! 낮에 보았던 것이 재미있어서…"

13세의 소년 패러디는 낮에 책을 제본하면서 본 과학부분을 손수 만든 노트에 적고 있다가 놀라서 벌떡 일어났습니다. 물론 꾸중을 각오하면서.

"오, 촛불 조심하고 열심히 해라."

가난한 집에 태어나 초등학교도 제대로 마치지 못한 소년은 주인의 말에 매우 기뻐하며 용기를 얻어 낮에는 일을 하면서 쉬는 틈을 이용해 책을 읽고, 밤에는 관심 있는 부분을 노트에 적으며 마음 놓고 공부할 수 있었습니다.

책 속에는 유리 막대를 털가죽으로 마찰하면 전기가 일어나서 가벼운 물체를 잡아당긴다는 것과, 이탈리아의 볼타라는 학자가 발명한 전지에 관한 것 등도 적혀 있었습니다.

패러디는 특히 전기에 관한 실험을 했습니다.

당시 영국의 왕립학회에서는 과학지식을 보급하고, 국민들을 계도하기 위해 데이비 교수 같은 유명한 학자들의 강연을 자주 열었습니다. 데이비 교수의 강의를 들은 패러디는 편지를 보내 보조가 되기를 간청했습니다.

1872년 12월, 데이비 교수는 패러디의 과학에 대한 열정과 사연에 감탄하여 답장을 보냈고, 패러디는 데이비 교수의 연구를 돕게 되었습니다. 패러디가 보조로 있는 동안 그의 명석한 두뇌가 인정되어 그에게 연구과제가 주어졌고, 연구 결과는 학계에 인정되어 영국 왕립학회 회원으로 선출되었으며 어엿한 학자로서의 지위를 얻었습니다.

이때부터 패러디는 전기에 관한 연구를 계속하다가 데이비 교수가 세상을 떠난 후 더욱 자유롭게 실험을 했습니다. 그러던 중, 한 가지 의문을 가졌습니다.

'전지를 연결하거나 끊어버리면 그 순간 왜 전기가 발생하지?'

그래서 코일 속에 막대자석을 넣고 코일을 검류계에 연결하여 여러 가지 실험을 했습니다.

그 결과 전자석은 전류를 통하느냐 통하지 않느냐에 따라 전자석이 자성을 가지거나 가지지 않거나 하는 것처럼, 막대자석의 경우 이것을 코일 속에 넣느냐 빼느냐에 따라 전기가 발생하거나 발생하지 않는 것을 알게 되었습니다.

그는 이와 같이 전기가 일어나는 현상을 '유도'라 하고, 유도되어 일어난 전류에 '유도전류'라는 이름을 붙여 세상에 발표했습니다.

이 유도전류야말로 전지가 없이도 전류를 얻을 수 있는 새로운 방법이며, 이러한 전류의 유도현상은 전자석 또는 막대자석과 코일 사이에서만 일어나는 것이 아니고, 코일과 코일 사이에서도 일어나는 획기적인 것이었습니다.

패러디의 유도전류에 관한 실험결과가 발표되자 많은 학자들은 그 원리를 이용하여 전지 없이 계속하여 전류를 만드는 장치를 고안하기 위해 경쟁적으로 연구를 시작했습니다.

그리하여 패러디의 유도전류가 발견된 지 30년 후인 1867년,

독일의 지멘스에 의해 발전기가 발명됨으로써, 이 꿈이 처음 실현되었습니다.

2) 전류의 자기작용은 어떻게 발견되었나요?

자석을 모르는 사람은 아무도 없을 것입니다. 자석은 철을 끌어당기는 성질이 있는 물체를 말하며, 서로 다른 극 사이에는 인력이 작용하여 끌어당기고, 같은 극 사이에서는 척력이 작용하여 밀어내지요. 그래서 남북의 극을 가지고 있습니다.

전기 또한 가벼운 종이조각 같은 것을 끌어당기는 에너지의 한 형태로 양전기와 음전기의 두 종류가 있고, 둘 사이에는 인력이 작용하며, 같은 종류의 전기 사이에는 자석처럼 척력이 작용합니다.

그렇다면 자석과 전기 사이에는 어떤 관계가 있을까요?

덴마크에 사는 한스 크리스챤 에르스텟이라는 학자는 바로 이 자석과 전기의 관계를 연구하고 있었습니다.

어느 날, 에르스텟이 대학의 실험실에서 학생들에게 전기에 관한 강의를 하고 있을 때였습니다.

"야! 저것 좀 봐!"

갑자기 학생 하나가 눈으로 자석을 가리키며 강의를 듣는 친구를 흔들었습니다.

"뭔데? 어! 어?"

지금까지 남북을 똑바로 가리키던 자석의 바늘이 움직이면서 다른 방향으로 기울어지는 것이었습니다.

에르스텟도 웅성거리는 학생들의 시선에 놀라 주위를 살펴보며 뜻하지 않은 현상에 어리둥절했습니다. 실험실 주위를 자세히 관찰해 보았지만 단지 자석이 놓인 바로 위에 전지로부터 연결되어 나온 전선이 있을 뿐이었습니다.

'자석의 바늘이 옆으로 기울어졌다? 옆에서 전기가 흐르고 있기 때문이 아닐까?'

에르스텟은 머릿속으로 떠오르는 의문을 풀기 위해 곧 연구에 착수했습니다. 실험을 하는 동안 전선을 자석으로부터 멀리해 보았습니다. 그러자 바늘이 본래대로 똑바로 남북을 가리켰습니다.

"어! 이제 제대로 되었어요. 교수님."

"으음, 그렇군."

"자, 이제 전선의 밑에 다시 자석을 놓아 보자."

여러 가지 현상을 자세히 관찰한 에르스텟은 다음과 같은 결론을 얻었습니다.

'전선 아래에 자석을 놓을 경우 북쪽을 가리키는 자석의 바늘이 전기가 흐르는 방향을 향하여 언제나 똑같이 왼쪽으로 기울어진다.'

1820년, 에르스텟은 실험 결과를 정리하여 '전류가 자석의 바늘에 미치는 작용에 관한 연구'라는 논문을 발표하였습니다.

당시 전기라는 것은 일종의 정전기를 말하는 수준이었는데, 그는 이 논문을 통해 자석의 바늘과 관계가 있는 것은 마찰전기, 즉 정전기가 아니고 움직이는 전기, 즉 전류라고 설명하였습니다.

자석과 전류와의 사이에서 깊은 관계가 있다는 에르스텟의 발견은 곧 유럽에 알려졌으며, 당시 프랑스 대학의 교수로 있던 앙드레 마리 앙페르도 에르스텟의 연구논문을 읽자 그 또한 실험을 시작하였습니다.

그리고 앙페르는 한 걸음 더 나아가서 다음과 같은 사실을 밝혀냈습니다.

전기의 흐르는 방향으로 양극에서 음극으로 향하는 방향으로 정하고, 자극의 바늘이 기울어지는 방향을 관찰하여 오른손의 법칙을 발견한 것입니다.

그의 머릿속으로 또 한 생각이 지나갔습니다.

'전기가 자석의 바늘을 움직인 것은 전기가 자기를 만들어서일까?'

그는 구리줄을 코일로 하여 전기를 흐르게 하는 실험 끝에 전기가 자기를 만들고 코일의 자석이 작용하는 것을 알아냈습니다.

이 연구를 계기로 여러 학자들은 검류계나 전류계, 전압계의 원리를 발견했으며, 전기의 문명시대를 열게 된 것입니다.

발명 특허

이제 생활이다

초판발행 2017년 3월 5일

지은이 / 왕 연 중
펴낸이 / 유 광 종
펴낸곳 / 한국이공학사
출판등록 / 제9-92호 1977.2.1.
임프린트 / **과학사랑**
주　　소 / 서울특별시 영등포구 선유동 1로 6-5
대표전화 / (02) 2676-2062 팩스/ 2676-2015
전자우편 / hankuk204@naver.com

ISBN / 978-89-7095-144-7 03500

값 15,000원

※ 과학사랑은 도서출판 한국이공학사의 교양서적 브랜드입니다.
※ 이 도서의 국립중앙도서관 출판예정도서목록(CIP)은 서지정보유통지원시스템 홈페이지(http://seoji.nl.go.kr)와 국가자료공동목록시스템(http://www.nl.go.kr/kolisnet)에서 이용하실 수 있습니다.(CIP제어번호: CIP2017002905)